KB272755

참교육 참사랑의
학교

이담
Books

"좋은 교육은 타고난 가치를 인정해 주는 것이다"

참교육 참사랑의 학교

한승진 지음

이담
Books

책을 내면서

제 나이가 마흔둘입니다. 세월의 무상함을 느끼곤 합니다. 마흔이면 '불혹(不惑)'이라고 하여 어떤 유혹에도 흔들리지 않는 것입니다. 그러니 '미혹(迷惑)'이라는 말처럼 작은 일에도 바람처럼 흔들리는 마음이 없어야 합니다. 그런데 불혹과 미혹이 만나 뒤섞인 듯합니다. 그야말로 중년의 때가 불혹과 미혹의 중간지대에서 이리저리 헤매는 듯합니다. 불현듯 이른 새벽에 깨고, 이불 뒤척이는 시간이 길어졌습니다. 그리고 노인네가 되려는지 자꾸 뭘 잊곤 하고, 뭘 하려면 체력도 따라 주질 않고, 새벽에 곤한 잠이 깨곤 합니다.

그리고 제가 지금의 학교에서 한 우물을 판 지 꼭 10년입니다. 10년이면 강산도 변한다는데 그동안 제게 무엇이 변한 것인지 되새겨 보곤 합니다. 변화……, 좋든 싫든 참 여러 모양으로 변한 것이 사실입니다. 때로는 처음의 마음이 변질되고, 그저 그런 타성에 젖어 게으름이 일상화되고, 지극히 자기본위의 유익에 민첩해진 듯도 합니다. 그러나 10년 전보다는 좀 더 어른스러워지고, 성숙해진 것도 같습니다. 아무튼 지난 10년을 돌이켜 보면 만감이 교차됩니다. 때로는 후회

막급으로 가능하기만 하다면 시간을 돌리고 싶고, 때로는 벅차오르는 보람에 오늘 제게 주어진 길에 감격하곤 합니다.

남자 나이 마흔을 넘기고, 교직 경력 10년을 되새기면서 제게 늘 화두로 던져진 물음이 하나 있습니다. 그것이 바로 '교육(敎育)'입니다. 말 그대로 가르치다 '교'에 기르다 '육'인데, 제가 무엇을 가르치면서 제자를 길러냈는지 자문자답해 봅니다. 교육은 사람을 다루는 분야이기에 모든 것에 적용 가능한 법칙이 없습니다. 그때그때, 사람과 상황에 따라 다른 듯합니다. 이 생동감 넘치는 교육에 몸담으면서 바른길을 찾아보곤 합니다. 마치 구도자의 자세처럼요. 그런데 지금도 헤매고 있습니다. 문득 오늘까지 몸부림쳐 온 교육을 정리해 보고 싶었습니다. 서툰 대로 한번은 갈무리하고 싶었습니다. 그러고 나서 다시금 새롭게 다짐하렵니다. 그렇게 저렇게 조금씩 알아 가다 보면 어느덧 하늘의 뜻을 알게 된다는 지천명(知天命)의 나이에 이르게 되고, 순리에 순응한다는 이순(耳順)의 나이에 접어들게 되겠지요. 교육이란 난제를 쉽게 풀어내고자 조급해하지는 말렵니다.

여기에 묶어낸 글은 크게 두 부분으로 나눠 보았습니다. 1부는 지난 10년간 작은 농촌 학교에서 학교 목사와 선생으로 살아온 이야기들과 그에 대한 사색을 모아 본 것입니다. 그리고 2부는 오늘의 교육을 바라보면서 아쉬운 점과 개탄스러운 현실과 당면한 과제들을 생각해 본 것들을 드러내 봅니다. 그저 작은 농촌에서 외치는 소리로 여겨 주시기 바랍니다.

어찌하다 보니 이 책이 벌써 제 이름 석 자로 내는 다섯번째라니, 참 어쩌다 이렇게 설익은 말들을 마구 토해 내게 되었나 싶습니다. 그저 미숙한 글샘은 아직 영글지 못한 사람의 못난 인격으로 여기시고 너그러이 봐주시기를 바랍니다. 역시 이번에도 새삼 글을 쓰고 다듬고 책으로 엮어내면서 많은 분들의 도움을 받았습니다. 이 큰 사랑을 어찌 말로 다 형언할 수 있을까 싶습니다.

이 자리를 빌려, 그동안 오랜 배움의 길에서 가르침을 주신 스승님들의 사랑에 깊이 감사드립니다. 또한 어눌한 생각을 담아낸 거친 졸고를 꼼꼼하게 교열해 주시고, 격려해 주신 황등중학교·성일고등학교 선생님들과 월간 ≪기독교교육≫ 조소연 편집기자님과 호밀호두 미아점 한지연 운영자님과 사랑하는 아내 이희순 그리고 사랑하는 딸 사랑이와 아들 겨레와 가람이와 사랑하는 황등중학교 졸업생과 재학생들에게도 고마운 마음을 표합니다.

마지막으로 어려운 출판 여건에도 첨단 기기를 갖춘 출판역량으로 책을 낼 수 있도록 해 주신 한국학술정보(주) 채종준 대표님과 여러분의 노고에 감사드립니다. 또한 이 책을 만드는 과정에서 기획, 편집, 홍보, 인쇄, 판매 등으로 노고를 감당해 주신 노동의 일꾼들께도 진심으로 감사드립니다.

눈이 부시게 그리운 날에
그리운 스승님과 동학들을 그리워하면서
한승진

오늘까지 연약한 몸으로 태어난 아들이 제대로
사람구실이나 할까 걱정하며 사랑으로 함께해 주신
아버지(한기원)께 부족하지만 올곧게 살아가려고 다짐하는
아들의 마음을 모아 드립니다.

목 차

책을 내면서 • 4

제1부 선생 되어 가기

12 ▮ 매우 특별한 아이
18 ▮ 칭찬은 아무리 강조해도 지나치지 않습니다
24 ▮ 학교 목사가 담임을 하면서
32 ▮ 목사 담임과 여호와의 증인 아이
39 ▮ 기독교학교를 경험한 졸업생을 만나고서
45 ▮ 선생님, 저를 위해 기도해 주세요
49 ▮ 설익은 선생질을 반성해 봅니다
57 ▮ 온 누리의 축제, 우와~ 월드컵
61 ▮ 학력신장, 그게 뭐예요?
64 ▮ 아이들을 위한 나무그늘이고 싶어요
72 ▮ 아이들도 인권이 있어요
77 ▮ 글을 읽고 심사평과 칭찬 좀 해 주세요
81 ▮ 책 읽기의 즐거움, 그 달콤함의 여유
85 ▮ 오늘도 새벽이슬같이 학교에 왔습니다
89 ▮ 일등이 아닌, 함께하는 사람교육을 꿈꾸며
91 ▮ 어려워진 교육, 그러기에 더욱 이 길을 갈래요
93 ▮ 진정한 선생의 모습을 생각해 봐요
97 ▮ 나무를 심고 사랑하며 가꾸시는 한승진 선생님께
100 ▮ 존경하는 손규태 교수님께
105 ▮ 선생들이 배우는 자세가 이래서야
110 ▮ 일기를 써 봐요
114 ▮ 자기주도적인 삶과 겸손으로
120 ▮ 공교육의 틀에서 종교교육 어떻게 해요

제2부 우리 교육, 무엇이 문제일까요

130 ∥ 교사가 갖춰야 할 윤리

134 ∥ 앞으로도 아이들과 함께하고 싶어요

139 ∥ 진정한 교사의 길은요

152 ∥ 새롭게 교육의 힘을 생각해 봐요

157 ∥ 교육현실과 이상을 고민해요

163 ∥ 대학을 거부하는 외침을 보고서

171 ∥ 왕건에게서 배우는 교육혁신 마인드

176 ∥ 동양고전을 통한 살림의 교육

181 ∥ 자살예방교육 1 – 자살에 대해 우리가 해야 할 일

184 ∥ 자살예방교육 2 – 자살보도를 접하면서

187 ∥ 자살예방교육 3 – 자존감을 높여라!

196 ∥ 장애이해교육 1 – 우리 모두가 장애인

200 ∥ 장애이해교육 2 – 장애에 대한 민감성

206 ∥ 장애이해교육 3 – 진정한 건강이란

210 ∥ 어울누리세상 1 – 편견을 넘어서는 교육을 꿈꾸며

217 ∥ 어울누리세상 2 – 차이를 존중하는 성숙한 교육으로

225 ∥ 어울누리세상 3 – 부단히 의식적으로 노력하렵니다

229 ∥ 정보화 사회에 따른 대학의 평생 교육적 기능

231 ∥ 선택과 집중을 통한 강점 전략

235 ∥ 속도가 아니라 방향이 중요한 대학통합 논의

책을 닫으면서 • 240

제1부
선생 되어 가기

매우 특별한 아이

　흔히 교직을 그저 씨를 뿌리는 일에 비유하곤 합니다. 이는 교직이 가정에서처럼 지속적으로 양육하기에는 시간과 여건상 한계가 있기 때문입니다. 그런 이유로 우리 교사는 그저 콩나물에 물 주듯 성심을 다해 참되고 바른 길을 전하다 보면 언젠가는 시나브로 저마다의 씨앗이 자라나 스스로의 선택과 결단에 의해, 자기 빛깔과 향기에 알맞게 살아갈 것을 믿을 뿐입니다.

　이렇게 그저 씨 뿌리는 삶을 살아온 지 벌써 10년째입니다. 이제 가르침이 무엇인지 조금은 알 것 같은데, 아직도 시행착오를 거듭하면서 선무당처럼, 설익은 삶입니다. 그러기에 늘 아이들에게 미안한 마음을 갖지만 선생으로 아이들과 함께하면서 늘 새로운 감동과 보람 그리고 희망을 이야기하는 것은 학교가 주는 매력이 있기 때문일 것입니다.

　제가 몸담고 잇대어 사는 학교는 전교생이 147명으로, 교직원 수라고 해 봐야 21명인 농촌의 소규모 학교입니다. 그러다 보니 전교생의 이름은 물론이고, 생활환경도 어느 정도 알고 있습니다. 이런 이유로 아이들과 더욱 친근하게 다가갈 수 있어서 좋습니다.

몇 년 전, 매우 특별한 아이를 만났습니다. 이 아이와의 만남은 제게 커다란 축복이었고, 보람이었습니다. 이 아이를 떠올릴 때마다 무엇이 참된 교육인가 하는 생각을 되새겨 보곤 합니다. 이 아이가 바로 '임현준'입니다.

어느 날엔가 3학년 현석이가 와서는 미리 각오하라는 뜻과 간곡한 부탁의 뜻을 담아 자신의 매우 특별한 동생에 대한 이야기를 들려 주었습니다. 그리고 현준이의 어머니로부터 메일을 통해 전해 들었기에 처음 만남이 낯설지는 않았습니다.

현준이는 걸을 때 다리를 절고, 말을 좀 더듬고 학습능력이 부진한 아이지만 어머니 생각에 따라 특수학교보다는 형이 다니는 가까운 지역의 일반학교에서 통합교육을 받는 것이 낫겠다 싶어 입학하였습니다. 사실 학교로서는 현준이가 입학하는 데 적지 않은 부담을 가져야만 했습니다. 학교는 특별한 이 아이를 위한 교육적 배려나 준비가 전혀 되어 있지 못했고, 현준이로 인해 반 수업이나 행사 분위기가 흐트러질 것을 우려하였습니다.

드디어 현준이가 입학을 했습니다. 현준이는 입학 첫날부터 기대 이상의 특별한 모습으로 저의 시선을 사로잡았습니다. 입학식 시간에 가만히 앉아 있지를 않았습니다. 여기저기 두리번두리번거리며 누구를 찾거나, 뭔가를 찾는 것만 같았습니다. 그야말로 주의가 산만한 아이였습니다. 보다 못한 선생님 한 분이 주의를 주시는데도 아랑곳하지 않고 두리번거렸습니다. 아무래도 안 되겠다 싶어 현준이 옆으로 가서는 주의를 주려고 하였지만 입학식 날 야단을 치는 것도 좋지 않을 것 같아 옆에 앉아서 제지시키려고 하였습니다.

　그렇게 시간이 흐른 뒤 저는 깜짝 놀라고 말았습니다. 엄숙한 입학식 날 학교 목사요, 선생인 저는 신입생 아이와 잡담을 하는 꼴이 되고 말았습니다. 지난 5년 동안 이런 제 모습은 상상도 할 수 없었습니다. 권위적인 모습을 싫어해서, 아이들과 격의 없이 어울리는 편입니다. 쉬는 시간이나 점심시간 혹은 야외학습 시간에는 아이들과 흉허물 없이 수다를 떱니다. 때로는 함께 하는 놀이로 몸을 부딪쳐 가면서 즐거워합니다. 그러나 예배와 예식만큼은 매우 엄하게 아이들을 지도하고 감독합니다. 그러다 보니 아이들도 예배와 예식의 시간에는 저를 조금 무서워합니다. 그런데 제가 신입생 아이의 꾐에 빠져(?) 같이 잡담을 한 것입니다. 그날 저는 저도 모르게 현준이의 말에 빠져들었던 것입니다. 현준이가 더듬거리며 말하는 이야기를 중간에 끊지 않고, 판단하지 않고 그대로 들어주고, 그 이야기를 칭찬과 격려로 받아 주었습니다. 이것이 현준이와 저의 첫 만남이었습니다. 이날의 만남은 현준이가 제게 엄숙한 목사요, 선생의 이미지를 벗기를 바라는 마음의 표현이었던 것 같았습니다.

　그날 이후, 현준이는 저를 당황하게 만들곤 하였습니다. 입학식 날 따뜻하게 반겨 주고 어울려 준 것이 좋았던지 지나가다 만나기만 해도 환하게 웃으면서 달려와서는 "나…… 나는 한…… 한 승진 선…… 선생님이 참-참 좋아!" 하고 말하면서 꼭 껴안아 주었습니다. 그리고는 제 두 볼을 쓰다듬어 주었습니다. 이건 마치 오랜만에 만나는 연인들의 포옹 장면을 연상케 하였습니다. 제 볼을 쓰다듬어 주는 것이 꼭 귀여운 어린아이에게 하듯 하였습니다. 이 광경을 지켜보는 많은 선생님들과 아이들이 놀라서 현준이를 야단치곤 하였습니다. 이럴 때마다 저는 "괜찮습니다. 다 저 좋다는 표현인 걸요" 하며 웃어넘기곤 하였습니다. 나이도 30대 중반인 목사를 이제 겨우 중학교 1학년 아이가 귀여운 어린아이 대하듯 볼을 쓰다듬어 주니 말입니다.

저는 언제나 현준이가 베풀어 주는 최고의 멋진 인사를 받으면 기분이 좋았습니다. 지난 5년 동안 아무도 저에게 이렇게 가슴 뜨겁게 진심을 담아서 반겨 주고 사랑해 준 아이는 없었습니다. 장래 희망이 목사인 아이도, 말과 행동이 다른 아이들의 모범이 되는 바른 생활 사나이 학생회 종교부장도 나를 이렇게 반겨 준 적은 없었습니다. 그런데 현준이는 하루에도 몇 번씩 만날 때마다 이렇게 반겨 주었습니다.

일주일에 한 번 있는 종교수업 시간이 현준이에게는 가장 기다려지는 시간이었습니다. 얼마나 좋아하는지……. 저는 수업 시간에 제가 하는 말과 행동 하나하나를 다 좋아해 주는 현준이의 모습에 저절로 흥이 났습니다. 그러다 보니 현준이가 속한 반에서 펼치는 종교수업은 매우 특별하게 되었습니다. 그렇다고 현준이가 종교 수업 시간에 조용히 수업을 듣는 것은 아니었습니다. 현준이는 수업 진도나 분위기를 전혀 고려하지 않았습니다. 생각난 것은 바로 질문하고, 행동에 옮겼습니다. 수업 중, 갑자기 일어서기도 하고 교실을 돌아다니기도 하였습니다. 그야말로 수업을 진행하기 난감한 상황이 펼쳐졌습니다. 저는 현준이의 반 아이들에게 양해를 구하여, 현준이에게 높은 고관을 맡겼습니다. 이제 현준이는 '종교부장'이 된 것입니다. 현준이는 종교 시간에 자신의 역할이 있어서 그런지 다른 수업 시간보다 더 좋아하고 참여하였습니다. 저는 수업 중에 펼쳐지는 현준이의 돌출 질문이나 행동이 있으면 야단치지 않고 이를 적절히 수업에 필요한 예화로 연결하여 그때그때 구성해 나갔습니다. 그러다 보니 현준이는 수업에 방해꾼이 아니라 가장 열심히 참여하고 의견을 표현하는 모범생이 되었습니다. 미리 짜인 교육 과정이나 수업의 목표가 없이 진행되는 유일한 학급이 바로 현준이네 반이었습니다. 다행히 아이들도 이런 좌충우돌 수업방식에 이의를 제기하지 않고 이해해 주고 협력해 주었습니다. 저는 현준이를 보면서 언젠가 어느 개그맨이 유행시킨 "그때그때 달라요"라는 말을 실감하였습니다.

저는 현준이를 참 좋아했습니다. 이것을 편애로 비난하면 할 말이 없지만, 저는 제가 좀 더 관심을 가지고 사랑해야 할 아이가 있다고 생각했습니다. 이것이 오히려 더 교육적이고 제가 믿고 있는 예수님의 교육철학이라고 생각했습니다. 학교에서 모든 아이를 똑같이 사랑하고 모든 종교수업을 정해진 교육목표와 과정에 따라 진행해야 하는 것은 아닌 것 같았습니다. 현준이에게는 현준이에게 맞는 다른 방식으로 접근하는 것이 옳은 것 같았습니다. 더디지만 인내심을 가지고 현준이의 말을 들어주고, 칭찬과 격려로 자존감을 높여 주는 진실한 사랑으로 친구가 되어 주는 것이 옳은 것 같았습니다.

며칠 전 현준이를 복도에서 만났습니다. 역시 현준이 식의 애정표현을 하면서 저를 귀여워(?)해 주었습니다. 그러고는 놀라운 말을 해 주었습니다. "내가…… 내가…… 종교부장인데, 교…… 교회도 안 다니고 성서도 안 보고 기도할 줄도 모르는 것이 싫다. 그…… 그래서 교회에 다니기로 했다. 한승진 선생님! 나…… 나 잘했지!" 이 말을 듣고 얼마나 기뻤는지 모릅니다. 저는 현준이를 꼭 안아 주고 두 볼을 쓰다듬어 주며 이렇게 말해 주었습니다. "그래, 현준이 최고다. 정말 잘 생각했다. 난 네가 제일 좋다!"

저는 현준이에게 교회 다니라고 말 한 적이 없습니다. 아마도 저 혼자 생각에 그렇게 하기로 한 것인 것 같았습니다. 누가 시켜서가 아니라 좋아하니까 닮아 가고 싶고, 제게 기쁨을 주고 싶은 마음이었던 것 같습니다. 현준이는 다른 아이들보다 공부는 못하지만 누구보다도 학교를 사랑하고, 수업에 열심이었습니다. 그러니 현준이는 최고의 모범생이었습니다.

저는 현준이를 특별히 더 사랑했습니다. 저는 현준이와 같이 맑고 깨끗한 아이들과 함께하는 바른 교육의 길을 찾아가렵니다. 오늘보다 내일이 더 기대가 되는 것은 제겐 매우 특별한 제자 현준이와 같은 아이들이 있기 때문일 것입니다.

칭찬은 아무리 강조해도 지나치지 않습니다

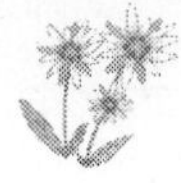

얼마 전 아주 감명 깊게 읽은 책이 있습니다. 이 책은 제목부터가 호감을 주기에, 구입하여 열심히 읽었습니다. 내용도 어렵지 않았고 공감되는 바가 많아 하루만에 읽었던 기억이 납니다. 이 책이 바로 베스트셀러로 많은 사람에게 읽힌 『칭찬은 고래도 춤추게 한다』입니다.

저는 이 책을 읽으면서 자꾸만 한 아이를 떠올리게 되었습니다. 이 아이는 제가 선생으로 어떻게 학교 현장에서 제게 주어진 일을 잘 감당해야 하는지 깨닫게 해 주었습니다. 이 아이가 바로 '박현수'입니다. 현수는 학업성적이 부진한 아이지만, 학교생활 면에서 보면 아주 모범적인 학생으로, 내게는 매우 자랑스러운 아이입니다.

그러나 현수가 처음 학교에 입학했을 때를 생각하면 지금의 모습은 믿어지지 않습니다. 현수는 참으로 난감한 아이였습니다. 속된 말로 골치 아픈 아이였습니다. 이런 현수가 학교에 입학한 것입니다. 그때 선생이 된 지 얼마 되지 않은 신참내기로 어떻게 하는 것이 바른 선생의 역할인지 방향을 모색하는 시절이었습니다. 그런 제게 현수는 학급 부담임으로서 맡아야 할 아이로, 또한 제가 담당한 학교 청소구역의 학생으로 배정되었습니다. 환경미화 담당 선생님은 반 편성과 청소구역 편성을 하다 보니 그렇게 되었다면서 양해를 구하셨습니다. 그러나 저는 왠지 모를 자신감으로 현수를 잘 지도할 수 있을 것 같았고, 그것이 선생으로서 저의 사명일 것 같았습니다. 저는 아무리 '문제아'라고 해도 이제 겨우 14살의 시골 중학교 1학년 아이임을 생각하여 크게 걱정을 안 했던 것이었습니다. 이렇게 해서 신참내기 선생인 저와 신입생 최고의 문제아 현수는 운명적으로 만나게 되었습니다.

일단 담임선생님의 배려로 가정환경, 초등학교 때 성적과 학교생활의 전반적인 상황을 파악하고, 같은 초등학교를 졸업한 아이들에게서 현수에 대하여 정보를 수집해 보았습니다. 그 결과, 현수는 제가 생각했던 것보다 매우 힘들 것 같다는 생각을 하게 되었습니다. 이건 순진하고 귀여운 농촌 중학교 1학년의 모습과는 너무나 거리가 멀었습니다. 현수는 초등학교 때부터 남의 물건을 몰래 가져가는 도벽사건이 여러 차례 있었고, 친구들의 돈을 빌려서 PC방이나 오락실에서 다 써 버리고는 갚지 않아 신용을 잃었습니다. 그리고 학교생활도 자주 무단결석을 하고 맡겨진 일을 제대로 하지 않는, 그야말로 학교생활의 문제아로 유명하였습니다. 아! 저는 그야말로 강적을 만난 것이었습니다. 뭘 어떻게 지도해야 할지 난감했습니다. 그야말로 기도가 저절로 나오는 상황이었습니다.

교무실에 앉아 이 아이를 어떻게 지도해야 할지 기도하면서 한참을 고민하였습니다. 처음에는 담임이 아니기에 큰 부담이 없을 줄 알았는데 현수를 만나고 구체적인 상황을 알고부터는 선생으로서 제가 더욱 관심을 갖고 사랑해야 할 사명으로 다가왔습니다.

현수는 입학 첫날부터 자신의 정체를 분명하게 드러냈습니다. 저는 학교수업을 마치자마자 제가 담당한 청소 구역에 아이들을 불러 모았습니다. 현수를 포함해서 총 10명이 모였습니다. 저는 10명의 학생들에게 정확히 열 가지의 역할로 책임을 분여(分與)하여 청소할 것을 제시하였습니다. 그러고는 바로 청소를 시작했는데 한 10분즈음 지나자 한 아이가 제게 현수가 청소하다가 도망쳤다고 알려 왔습니다. 청소 첫날, 현수는 자신이 맡은 청소구역을 내팽개치고는 담당선생인 제게 말도 없이 가 버리고 만 것이었습니다. 정말 어이가 없었습니다. 현수는 초등학교를 졸업하고 중학교에 입학해서 바짝 긴장해 있는 다른 아이들과는 전혀 다른 모습이었습니다. 현수의 무단이탈 소식을 접하면서 화도 났지만 각오한 일이기에 아무 말 없이 현수가 맡은 청소 구역을 제가 처리하였습니다.

다음 날 마침 현수를 종교수업 시간에 만났습니다. 이건 또 웬일인가요? 우리 학교가 기독교학교이고, 종교 수업을 왜 하는지, 어떻게 펼쳐 나갈지 오리엔테이션을 진행하는데 어디선가 코 고는 소리가 들려왔습니다. 코고는 소리의 진원지를 찾아보니 현수였습니다. 그 순간 '이 학생을 어떻게 해야 하나?' 하는 난감한 생각에 한숨이 절로 나왔습니다. 그날도 현수는 아무 말 없이 청소 구역에 나타나지 않았습니다. 같은 반 아이에게 물으니 집에 가 버렸다는 것이었습니다. 그 다음 날도 현수는 나타나지 않았습니다. 저는 또 현수 대신 청소를 해야 하는 처지가 되고 말았습니다.

그렇게 열흘 정도 지나 '이젠 안 되겠다' 싶어 현수를 교무실로 불렀습니다. 불려온 현수는 야단맞을 것으로 생각했는지 바짝 주눅 든 얼굴로 들어왔습니다. 현수와 진지하게 만나는 첫 시간이었습니다.

처음엔 야단을 칠 생각이었는데 주눅 든 얼굴로 들어선 현수를 보는 순간, 이건 최선의 방법이 아닐 것 같다는 생각이 들었습니다. 저는 마침 교무실에 있는 아이스크림과 과자를 건네주면서 대화를 시도하였습니다. 현수는 좀 어리둥절한 표정이었습니다. 야단맞을 것으로 생각했는데 웃는 얼굴로 좋아하는 먹을거리를 내놓았으니 그럴 만도 했을 것입니다. 현수가 지금까지 보여 준 청소 시간의 무책임, 수업 시간의 방해 등을 입 밖에 내지 않았습니다. 현수는 이미 교무실에 들어서면서 자신의 잘못을 잘 알고 있고, 야단맞을 각오를 했을 것이기에 굳이 그 사실을 되새길 필요는 없을 것 같았습니다. 그 대신에 현수를 진심을 담아 칭찬하였습니다. 그날 제가 한 칭찬의 말들은 대략 이런 것들이었습니다.

"내가 가만히 보니 넌 참 좋은 학생이야! 잘 웃고 다니니까 보기에 참 좋다. 체육 시간에 보니 축구를 참 잘해! 난 축구를 못하는데……. 난 운동을 잘 못하는데 참 부럽구나."

야단은커녕 정성을 다해 대접해 주고 칭찬해 주고 격려해 주니 현수도 기분이 좋았는지 시키지도 않은 말을 하였습니다.

"선생님! 죄송합니다. 오늘부터는 청소 잘할게요. 애들한테 얘기 들었어요. 이제부터 선생님은 쉬세요. 제 청소 구역은 제가 할게요." 현수의 말에 밝게 웃으면서 이렇게 대답하였습니다.

"아니야! 괜찮아! 네가 청소하고 싶을 때만 와도 돼! 내가 네 대신 할게. 청소해 보니까 별로 힘들지도 않던걸"

이렇게 해서 현수와 깊은 사귐의 첫 단추를 엮어 나가기 시작하였습니다.

그날은 정말 현수가 청소를 하러 왔습니다. 누구보다 열심히 청소를 하였습니다. 그런데 작심삼일일까요? 다음 날 현수는 또 무단이탈을 하고 말았습니다. 저는 아무 말 없이 현수 대신 청소를 하였습니다. 그다음 날도 현수는 나타나지 않았습니다. 그러나 저는 현수를 만날 때마다 미리 찾아 둔 칭찬거리를 가지고 애정을 담아 칭찬만 하고는 청소 이야기는 꺼내지도 않았습니다.

나흘이 지난 어느 날 현수가 교무실로 먼저 찾아왔습니다. 그러고는 먼저 용서를 빌면서 잘못했다면서 이제 열심히 청소하겠다고 하였습니다. 그러고는 정말로 믿어 주고 칭찬해 주고 사랑해 주는 선생님이 참 좋다면서 울먹였습니다. 다른 사람들은 야단만 치는데 선생님은 칭찬해 주고 믿어 주신다면서 감사하다는 것이었습니다. 저는 너무도 감격하여 더 많이 칭찬과 격려를 해 주었고 현수의 두 손을 꼭 잡아 주었습니다.

그날 이후 현수는 분명 좋아지기 시작하였습니다. 자신이 맡은 청소 구역은 물론이고 다른 친구들의 청소 구역도 돕고 자청해서 교무실 청소까지 하겠다고 나섰습니다. 그리고 수업 시간에 가장 열심히 참여하고 학교생활 전반에 걸쳐 모범적인 모습을 보였습니다. 지나가다가 저만 보면 90도로 인사를 했습니다. 저는 그럴 때마다 칭찬을 아끼지 않았습니다. 그러면 현수는 신이 나서 밝게 웃었습니다.

이렇게 변한 현수를 보면서 칭찬의 말, 축복의 말이 얼마나 중요한지 확신하게 되었습니다. 성서를 보면, 하나님이 말씀으로 세상을 창조하셨다고 합니다. 혼돈과 흑암의 세상을 말씀으로 아름답게 변화시키셨습니다. 이것이 '하나님이 행하신 말씀의 힘'일 것입니다. 저는 선생으로 전하는 말 한마디가 한 아이를 변화시킬 수 있다는 값진 교훈과 확신을 얻게 되었습니다. 현수를 통해 확실히 깨달은 것은 누군가를 진심으로 칭찬하고, 축복하는 말 한마디가 바로 사람을 변화시키는 기도요, 사랑의 실천이라는 것입니다. 오늘도 아이들을 칭찬해 주고 격려와 축복의 말로 사랑할 것을 다짐해 봅니다.

학교 목사가 담임을 하면서

　몸담고 섬기는 학교에서 선생이기도 하지만 학교 목사(교목)로도 그 역할을 수행해 나가고 있습니다. 항상 느끼는 것은 목사로서 제가 해야 할 일은 교회와는 많이 다르다는 것입니다. 교회 목회가 예수 그리스도를 주님으로 고백하는 신앙공동체를 대상으로 하는 것과 달리 저와 같은 학교 목사는 예수님을 믿는 아이들보다 아직, 믿지 않는 아이들이거나 다른 종교를 믿는 아이들이 더 많습니다. 그러다 보니 교회 목회의 말씀과 역할 수행의 틀로 접근하기에는 어려움이 많고, 어울리지도 않습니다. 왜냐하면 제가 몸담는 학교는 예수님을 믿는 아이들이 소수이고, 다른 종교를 배경으로 하는 아이들과 믿지 않는 아이들이 다양하게 섞여 있는 그야말로 세속의 한복판이기 때문입니다. 처음엔 이를 이해하지 못하고 그저 목회과정의 하나로 선교적 경험을 쌓을 곳으로 여겼는데 해를 거듭할수록 학교에서 목사요, 선생으로서의 중요성을 되새기며 오늘에 이르고 있습니다. 이제는 해를 거듭할수록 학교 목사로서 제가 수행해 나갈 사명을 되새겨 보곤 합니다.

저는 학교 목사로서 종교교과를 가르치고 종교업무를 총괄합니다. 그리고 교사로서 종교와 국어를 가르치고 복지와 상담 업무를 맡고 있습니다. 때로는 두 가지 역할 수행의 상황이 부담스러울 수도 있으나 학교 목사가 교사를 겸하는 것이 학교에 대한 주인의식을 좀 더 갖고 참여하게 되고 집중할 수 있는 것 같아 좋은 것도 같습니다.

또한 학교 목사와 교사의 중복된 역할은 목사와 신자의 역할을 겸하는 것이기도 해서 좋습니다. 덕분에 목사로서 경험하기 어려운 여러 가지 신자들의 경험을 할 수 있어서 좋습니다. 그로 인해 신자들인 교직원들의 생활과 입장을 조금이라도 더 이해할 수가 있습니다. 그리고 교사로서 해야 할 여러 가지 업무를 수행하면서 어려움도 체험하고 있습니다. 신자들이 교회가 아닌 세속의 현장에서 신앙을 지키는 것이 얼마나 어려운 것인지 느껴 보곤 합니다. 저는 한 사람의 교사로서 해야 할 일들을 감당하면서 목사로서는 알기 어려운 것들을 알아가는 소중한 경험을 하고 있습니다. 이런 이유로 학교 목사가 교사를 겸하는 것이 더욱 유익한 것 같다는 생각이 듭니다.

어느 해인가 학교에서 교사들의 업무분장과 담임 배정을 심의하는 인사위원회에 인사위원이 되어 참여해 보니 대다수의 선생님들이 담임선생 하기를 꺼리는 것을 알 수 있었습니다. 제겐 교목의 예우로 지금껏 담임을 맡기지 않았던 것임을 분명히 알게 되었습니다. 인사위원회 회의 중, 불현듯 담임의 경험을 해 보고 싶다는 생각이 들었습니다. 누가 하라는 것이 아닌데 저 스스로 남들이 안 하려는 것을 한번 해 보고 싶었습니다. 더욱이 같은 재단 인사교류에 의해 고등학교에서 부임하실 선생님이 담임을 하셔야 하는데, 건강이 여의치 않으신 것으로 알기에 이번 기회에 제가 대신해 드리는 것도 좋을 것

같았습니다. 그리고 담임의 경험이 학교 목사로서 제가 해야 할 일의
폭을 넓힐 수 있을 것도 같았습니다. 이런 생각 끝에 담임을 한번 해
보겠다고 자청을 하였습니다. 감사하게도 인사위원회에서는 제 뜻을
받아들여 일단 처음 하는 것이니 1학년을 맡는 게 좋겠다는 의견에
따라 1학년을 맡게 되었습니다. 그러고 보니 학교 역사상 목사가 담
임을 맡은 경우는 처음이었습니다. 그만큼 부담도 되고 긴장도 되었
지만 한번 해 보리라 다짐하였습니다. 이렇게 해서 학교 목사와 교사
로 살아온 지 5년 만에 처음 담임을 하게 되었습니다.

드디어 1학년 3반 담임이 되어 반 아이들을 맞이하였습니다. 저는
내심 이번 신입생 중에서 공부를 잘하고 집안 형편상 여유가 있는 아
이들보다는 반대로 몸이 좀 불편하거나 한 부모 가정이나 학습능력
이 떨어지는 아이들이 배정되기를 바라고 있었습니다. 그래도 목사로
서 담임을 하는데 쉽고 편한 것보다는 조금은 어렵지만 그래서 더 목
회적 열정과 교육적 정열을 쏟을 아이들을 만나기를 소망한 것입니
다. 그러면서 교회 출석 잘하는 아이들은 다른 반에 가고, 교회 출석
을 잘 안 하거나 교회를 다니지 않는 아이들이 제 반에 배정되기를
기도했습니다. 그래서 1년 동안 아이들과 함께하면서 제가 믿고 또
의지하는 예수님을 소개 정도라도 해 보고 싶은 생각이었습니다.

드디어 아이들의 반 배정을 마치고, 제게 21명의 아이들이 배정되
었습니다. 저는 일단 아이들의 가정환경, 종교적 배경을 조사해 보았
습니다. 그리고 나서 배치고사에 따른 학업성적을 조사해 보았습니
다. 한 명, 한 명, 내 자식처럼 사랑스러운 마음이었습니다. 저는 아이
들의 신상명세서를 꼼꼼히 살펴보았습니다. 앞으로 1년 동안 저와 함
께할 제 자식과도 같은 아이들이었습니다.

하나님이 제 기도에 귀 기울여 주신 것일까요? 제가 맡은 반에 대하여 여러 선생님들이 우려를 표시하셨고, 1학년 학년부장 선생님도 이런 말씀을 하셨습니다.

"목사님! 무작위로 반 배정을 했는데, 어떻게 된 일인지 목사님이 좀 힘드실 것 같습니다. 처음 담임하시는데 죄송합니다."

그도 그럴 것이 21명 중, 기초생활수급자가 7명이었고, 차상위계층 아이가 2명이었습니다. 그야말로 열악한 가정환경의 학생들은 다 저희 반으로 몰린 것만 같았습니다. 제가 학교 목사로서 종교를 조사해 보니 교회 출석하는 아이가 20%도 안 되고, 다른 종교를 믿는 학생이 30% 정도였습니다.

그중에서는 가톨릭 신부님이 되는 것이 꿈인 아이와 여호와의 증인으로 아버지가 왕국회관 대표 격인 장로인 아이도 있었습니다. 또한 배치고사 성적도 제일 낮았습니다. 그래도 저는 초보담임인데도 겁을 내거나 주저함 없이 기대감과 다짐으로 새로운 열정이 샘솟는 듯했습니다.

사실 생각해 보면 제가 기도했던 대로였습니다. 21명 정도라면 최선을 다해 담임으로서 아이들을 사랑할 수 있을 것 같았습니다. 목사가 맡은 반이 어떻게 운영되는지 보여 주고 싶은 생각도 있었습니다.

드디어 입학식 후, 저는 21명의 아이들을 만났습니다. 간단히 제 소개를 하면서 제가 학교 목사를 겸하는 사람임을 밝혔습니다. 그리고는 자기 소개를 항목별로 정리할 수 있도록 작성한 종이를 나눠 주고는 적어서 낼 것을 요구하였습니다. 그리고 그 뒷면에 제가 어떤 선생이 되어 주기를 바라는지, 1년 동안 어떤 반이 되었으면 하는지, 건의사항을 적어서 내도록 하였습니다.

알고는 있었지만 아이들이 솔직하게 적어서 낸 가정환경조사를 읽어 보고는 마음이 아팠습니다. 왜 이렇게 가정이 파괴된 아이들이 많은지, 경제적으로도 어려운 아이들이 많은지…… 어린 나이에 겪었을 아픔들을 생각하니 정말 가슴이 아팠습니다. 이런 마음이 담임의 마음일까요? 전교생을 상대하는 학교 목사로서 느끼던 조금은 막연한 감정과는 다른 더 큰 공감의 마음이었습니다. 그리고 아이들이 바라는 담임의 모습과 반의 모습에서 몇몇 아이들의 말이 눈에 띄었습니다. "종교를 강요하지 마세요", "공부 잘하길 기대하지 마세요", "공부 잘하는 아이와 못하는 아이들을 차별하지 마세요", "부자와 가난한 아이를 차별하지 마세요." 그리고 눈에 띄는 것이 하나 있었습니다. "우리를 친구처럼 대해 주세요."

저는 아이들의 건의를 하나하나 살펴보고는 무엇을 원하는지 조금은 알 것 같았습니다. 아이들은 담임이 목사라는 것이 싫지 않은 것 같아 안심이었습니다. 물론 '제가 종교를 강요하지는 않을까' 하는 의견도 있었지만 그래도 목사라고 하니까 공부나 가정형편이유로 차별하지는 않을 것으로 기대하는 것 같았습니다. 저는 일종의 담임선생 취임사로 아이들에게 공부보다는 더불어 살아갈 줄 아는 사람이 되기를 바란다는 말을 하였습니다. 그러고는 아이들에게 제가 생각하는 교육철학이 담긴 글을 적어 학급 게시판에 붙여 놓았습니다. 아래의 글이 바로 그 내용입니다.

> 일등만을 인정하는 교육
> 환경을 죽이고 물질을 숭상하는 교육
> 기계와 기술이 인간을 대신하는 교육

그런 메마른 교육으로는
새로운 세상을 열어갈 수 없습니다.
지금 우리에게 필요한 것은
한 사람의 지도자가 아니라
더불어 살 줄 아는 열 명의 사람입니다.

저는 아이들에게 자존감을 심어 주기 위해 매일 아침과 방과 후의 조·종례 때 하는 인사를 제 식대로 바꿨습니다. 우리 반만의 인사법으로 하루를 시작하고 하루를 마치도록 한 것이었습니다. 어느 예화집에서 힌트를 얻어 아이들에게 자존감을 심어 주기 위해 인사법을 생각해 냈던 것 같습니다. 반지기(실장)가 "저희는" 하면 버금반지기가 "참!" 하고 모두가 엄지손가락을 내밀면서 "천재입니다" 하며 인사를 하는 것이었습니다. 처음엔 학생들이 웃으면서 잘 하려고 하지 않았지만 한 달즈음 지나니까 익숙해지고 재미가 있는지 내가 지나갈 때도 큰 소리로 "저희는 참 천재입니다" 하곤 하였습니다. 옛말에 "말이 씨가 된다"고 했던가요? 우스운 인사말인 것 같지만 자꾸 반복하다 보니 기분도 좋아지고 아이들의 자존감도 높아지는 것 같았습니다.

좀 지나서는 지루한 감도 있고 해서 아이들에게 앞과 뒤와 옆 친구를 축복하는 말을 했습니다. 예를 들어, 친구를 보면서 "와! 천사의 얼굴 같아~", "와! 너를 보니까 오늘 참 기분이 좋다" 하는 인사입니다. 이런 식으로 인사를 하고 나면 한결 반 분위기가 좋아졌습니다. 아이들은 잘 모르지만 이런 인사말의 뿌리는 제 나름대로 말이 씨가 되고, 습관이 되고, 생활이 되기를 바라는 자존감 증진을 위한 것이었습니다. 그리고 더불어 살아가는 삶으로, 서로 격려하고, 칭찬하고,

축복해 주는 관계를 맺어 가도록 한 것이었습니다.

그리고 중점을 두고 진행하는 것이 하나 있었습니다. 제가 이름 붙인 것으로 바로 '예수님의 밥상공동체 교육 실천'입니다. 저는 예수님이야말로 탁월한 교육가라고 믿습니다. 예수님은 제자들과 밥상을 함께 나누면서 교육하셨습니다. 밥상을 함께 나눈다는 것은 삶을 나누는 것입니다. 함께 나누는 밥상공동체에서 서로 믿음을 굳건히 하고, 사랑을 나누게 됩니다. 반 아이들과 좀 더 함께하는 삶을 나누기 위해 밥상을 함께 나누고자, 반 아이들을 두세 명씩 집으로 초대하여 점심을 함께했습니다. 그러면 아이들은 제가 사는 모습을 있는 그대로 보게 되고, 밥상을 함께 나누면서 아이들의 이야기에 귀 기울이면서 아이들과 가까워지게 되었습니다. 특히 반 아이들 중, 제대로 점심을 해결하지 못하는 아이들의 경우는 제게 더 큰 보람이요, 기쁨이었습니다. 어떤 아이들은 자기 집 밭에서 캐 온 고구마, 감자를 가져오기도 했습니다. 그걸 가져다가 반 아이들과 함께 삶아 먹는 재미도 참 좋았습니다.

학교의 여러 가지 종교적인 교육적 방안들이 있기에 아이들이 예수님을 믿을 계기는 많았습니다. 매일 아침기도회, 매주 방송예배, 매주 종교 수업, 신앙축제 등 다양하게 접하는 신앙교육의 그물에 자연스럽게 아이들이 걸려들기를 바라기는 하지만, 아이들에게 예수님을 믿으라고 강요하거나 지나치게 강조하지 않았습니다. 그리고 공부에 대해서도 그다지 강조하지 않았습니다. 저는 아이들이 보고, 듣고, 느끼게 되면 스스로 예수님을 믿을 것이고, 공부도 스스로 할 것으로 믿습니다. 그저 아이들이 자연스럽게 예수 따르미인 저를 통해 접하는 예수님의 흔적과 증거를 보여 주고 싶었습니다. 제가 사는 모습 그대로를 함께 나누면서…….

저희 반에서 교회 다니는 아이들은 교회에서 목사님을 접하지만 교회를 다니지 않는 아이들은 교회가 아닌 학교에서 저를 통해 목사의 모습을 접합니다. 단 한 사람의 목사를 보고 예수님을, 교회를 이해할 수도 있다는 생각에 저는 몸가짐을 더욱 조심하게 됩니다.

저는 처음 맡은 담임으로서 좌충우돌 여러 가지 시행착오를 경험하면서 지냈습니다. 아이들도 초보 담임을 만나 좀 더 좋은 교육적 서비스를 제공받지 못했는지 모릅니다. 그러나 저는 담임을 자청한 것을 후회하지 않았습니다. 참 잘한 선택이라는 생각이 들었습니다. 아이들이 중학교 신입생 시절, 기독교학교를 다니고 목사인 담임을 만나 함께한 1년의 시간이 뭔가 의미 있는 참된 삶의 가치를 찾아가는 작은 씨앗이 되기를 간절히 소망해 봅니다.

목사 담임과 여호와의 증인 아이

제가 담임하고 있는 1학년 3반에는 여호와의 증인으로 왕국회관에 다니는 정현철(가명)이라는 학생이 있습니다. 현철이는 매우 신앙심 깊은 여호와의 증인 가정에서 자랐습니다. 현철이 아버지는 왕국회관의 장로(장로라는 칭호는 왕국회관의 운영 주체 격인데 이들은 기독교처럼 성직자의 개념과는 달리 평신도들 중 선출하는 것 같았습니다)님이셨습니다. 이런 현철이가 기독교학교에 입학해서 만난 첫 담임이 목사이고, 저로서도 처음 담임을 시작하여 만난 아이인데 다른 종교도 아닌 바로 여호와의 증인 아이였던 것입니다. 하나님은 저희 둘을 이렇게 만나게 하셔서 1년을 함께 보내게 하셨습니다. 지나고 나니 많은 것을 알아 가는 기간이었고, 많은 것을 생각하게 한 일이었습니다. 그로 인해 좀 더 성숙한 학교 목사가 되어 가는 것 같습니다.

처음 현철이가 학교에 입학하던 날이 생각납니다. 입학식 날, 뜻하지 않은 사건이 발생했습니다. 어느 선생님이 저를 급히 찾으시기에 가 보니 신입생 두 명이 교회에서 입학식을 하면 안 들어간다고 버틴다는 것이었습니다. 저는 두 아이 곁으로 다가가서 부드럽게 이렇게 물어보았습니다. "입학식에 안 들어가려고 하는 이유를 말해 줄 수 있겠니? 혹시 너희 여호와의 증인이라서 교회에 들어가기 꺼리는 거 아니니?" 제 말에 아이들은 흠칫 놀라면서 저를 빤히 쳐다보더니 한 아이가 말했습니다. "예, 맞아요. 근데 그걸 어떻게 아셨어요?"

저는 아이들이 학교에 와 보니 입학식 장소가 교회이기에 자신들의 신앙으로는 영적으로 맞지 않아 들어가지 않으려 한다는 것을 알게 되었습니다. 제가 강하게 밀어붙이면서 들여보내게 할 수도 있었겠지만 그게 결코 최선은 아닐 것 같다는 생각이 들었습니다. 이미 여러 선생님들이 지나다가 이 아이들에게 교회에 들어가라고 하셨을 것이고, 그럼에도 아이들은 아직도 버티고 있는 중이었습니다.

저는 아이들에게 입학식 끝날 때까지 밖에서 기다리겠냐고 물었습니다. 아이들은 그러겠다고 대답했습니다. 저는 그렇게 한다면 그렇게 해도 좋다고 허락해 주었습니다. 제가 흔쾌히 허락을 하니, 두 아이는 놀라면서 제가 누구인지 물었습니다. 저는 빙그레 웃으면서 대답해 주었습니다. "응, 나는 학교 목사이고, 선생이야." 아이들은 또 한 번 놀란 표정을 지어 보였습니다. 이 두 아이 중 한 아이(정현철)가 바로 제가 담임한 반으로 배정되었고, 다른 한 아이는 교회 장로이신 선생님 반으로 배정되었습니다. 반 배정은 제비뽑기로 했으니 결과는 아무도 모르는 일이었는데, 공교로운 결과였습니다.

며칠 후, 현철이의 아버님이 교무실로 저를 찾아오셔서 말씀을 나누게 되었습니다. 일단 부족한 자식을 맡기게 되었다면서 잘 부탁드린다고 하시고, 학교를 믿고 모든 교육과정에 따르겠다고 하셨습니다. 그렇게 담임과 학부형의 대화가 무르익어 갈 즈음 조심스럽게 종교적인 문제를 꺼내셨습니다. 입학식 날 사건을 현철이에게서 들으셨다고 하셨습니다. 그러고는 종교적으로 소수인 자신들의 입장을 이해해 달라고 간곡히 말씀하셨습니다. 현철이가 생활 면에서 다른 아이들보다 더 모범적일 것이라고도 말씀하시면서, 자신들은 거짓말을 안 하고, 함부로 폭력을 휘두르지 않고, 억울한 일을 당해도 참는다고 하셨습니다.

저는 현철이 아버님의 말씀을 다 듣고 나서 저와 학교가 이해해 드릴 것이 있다면 언제든지 말씀해 달라고 말씀드렸습니다. 학교가 기독교학교라고 지금껏 기독교인은 우대하고 다른 종교 믿는 아이들을 차별한 적이 없지만, 여호와의 증인이 몇 가지 면에서 특별한 신앙적인 생활신조를 갖고 있는데 학교 측이 그런 것을 잘 이해하지 못해 생기는 오해가 없도록 미리미리 협조 요청해 주실 것도 말씀드렸습니다. 이렇게 해서 목사 담임으로 처음 만나는 특별한 현철이와 아버님을 만났습니다.

현철이 아버님을 배웅해 드리고 나서, 한참을 생각해 보았습니다. 그리고 조용히 눈을 감고 기도했습니다. '주님! 제가 어떻게 하면 좋을지 제게 지혜를 주소서!' 저는 여호와의 증인들을 보면 안타깝다는 생각이 듭니다. 잘 알려진 것처럼 이들은 국기에 대한 경례를 거부하고, 수혈과 헌혈을 거부하고, 국방의 의무인 징병을 거부함으로 인해 군교도소에 가야만 합니다. 이런 생각을 하니 제가 사랑해야 할 현철이가 너무도 안쓰러워 보였습니다. 그리고 그 가족이 짊어질 고통을 생각해 보았습니다. 여호와의 증인인 사람들은 철저한 종교적 확신을 갖고 살기에 그런 어려움을 감내하는 용기와 결단이 나오는 걸까 싶기도 했습니다.

전체 교직원 회의 때, 미리 교장선생님과 상의를 끝낸 이야기를 꺼냈습니다. "제 생각에 종교는 핍박이 심하면 오히려 더 강해지고 반발이 커집니다. 우리 기독교 역사가 이를 증명합니다. 여호와의 증인에 대해서 조금씩은 들어보셨을 겁니다. 이들은 소수지만 매우 신앙이 깊은 사람들입니다. 여호와의 증인 아이들을 강제로 우리 학교에 맞추기보다는 사랑으로 감싸 주고 이해하는 분위기였으면 합니다. 그리고 이번 1학년 두 명의 아이들은 전적으로 제게 맡겨 주시기 바랍니다."

감사하게도 모든 교직원이 제 말을 이해해 주셨습니다. 학기가 시작된 지 얼마 후, 현철이는 같은 여호와의 증인 친구와 함께 찾아와서는 예배 시간에 자신들을 빼 줄 수 없느냐는 부탁을 해 왔습니다. 사실 강하게 예배를 거부하겠다고 나오면 이를 강력하게 안 된다고 하기도 어려워진 시기였습니다. 작년에 학교에서 가톨릭 신자인 한 아이가 '교장선생님께 올리는 건의문'을 통해 서울 D고의 예를 들며, 종교의 자유를 달라고 쓴 글이 화제가 된 일이 있었습니다. 그때는 제가 그 아이를 불러 설득을 하여 취지를 이해하고 넘어갔지만 기독교학교에서 예배를 의무화하기 어려워진 것은 사실입니다. 저는 미리 생각해 둔 것이 있어 한 가지 제안을 했습니다.

"좋다. 그런데 너희만 예배를 빼 주면 다른 애들이 각각의 이유로 예배를 빼 달라고 요청할 때, 다 들어줘야 하지 않니? 그러니 예배 시간에 예배를 대체할 과제를 내주겠다. 상담실에서 예배가 진행되는 동안 꼭 내가 내주는 과제를 해야 한다. 그럴 수 있겠니?"

아이들도 자신들의 종교와 부딪히는 것이 아니면 그렇게 하겠다고 했습니다. 이 과제는 제가 설교예화로 사용하려고 사 둔 서적들에서 골라 읽고, 그에 대한 요약문을 한 편씩 써서 제출하는 것이었습니다.

이에는 기독교 세계관이 표면적으로 드러나지 않으면서도 감동과 교훈이 깃든 것들이었습니다. 억지로 예배드리게 해서 마음 문 꽉 닫아버리고 교회당에 불편하게 앉아 있느니 이게 더 낫다는 생각이었습니다. 이렇게 해서 아이들은 예배당은 아니라, 상담실에서 짧은 글 긴 감동의 이야기들을 읽고, 과제를 해야만 했습니다. 제가 학교 목사이면서 국어 선생이기도 하니 아이들의 글을 봐주는 것도 좋았습니다.

그러던 어느 날 현철이 아버님으로부터 연락이 왔습니다. 여호와의 증인들이 한자리에 모이는데 그날이 토요일이라 결석을 했으면 한다는 것이었습니다. 저는 다시 한 번 선심(?)을 썼습니다. "네, 그렇게 하세요. 마음 편히 조심해서 잘 다녀오십시오." 제 말에 현철이 아버님은 진심으로 감사의 말씀을 전하셨습니다. 그 외에도 저는 현철이를 위한 것이 있으면 배려를 아끼지 않았습니다.

목사가 교회 잘 다니는 학생을 더 칭찬하고 더 관심 가져야 하는데, 이른바 이단으로, 사회적으로 문제시되는 종교인인 아이들을 더 챙긴다고 할지도 모르지만 지금까지도 그렇게 하고 있습니다.

현철이는 정말 아버님 말씀대로 학교생활에 모범적이었습니다. 학업성적도 좋았고 친구관계도 좋았으며, 예의 바르고 성실했습니다. 이런 현철이를 볼 때마다 솔직히 제 마음에는 '이 아이가 예수님을 믿고 교회에 나가면 얼마나 좋을까?' 하는 생각을 하곤 했습니다.

어느 날 일이었습니다. 현철이가 제게 와서 자신의 필통이 없어졌는데 아무래도 반의 누군가가 가져간 것 같다고 했습니다. 저는 종례시간에 아이들 눈을 감게 하고는 가져간 사람은 저녁에 내게 전화하라고 말했습니다. 남의 것을 탐내는 것이 습관이 되면 더 큰 도적이 되니 양심을 속이지 말라고 간곡히 말했습니다. 그러나 안타깝게도 아무도 제게 전화를 걸어오지 않았습니다.

　다음 날 아침, 현철이를 불러 아이들을 의심하는 것도 좋은 게 아니니 필통을 사 주겠다고 말했습니다. 그러자 현철이는 펄쩍 뛰면서 아니라고 말했습니다. 필통은 다시 사면 되는 것이고, 필통 속 샤프는 선물받은 것이라서 아까운 생각이 들 뿐이라고 말했습니다. 그러면서 자기들은 절대로 남이 가져간 것을 돌려 달라고 하지 않는다고 하면서, 가져간 사람이 사정이 있어 가져간 것일 수도 있다고 생각한다는 것이었습니다. 그러니 자신은 누가 가져갔는지 알고 싶지도 않고, 그 사람을 미워하지도 않는다고 했습니다. 부모님도 잃어버렸다고 야단치지 않으신다고 했습니다.

　간혹 현철이 편에 여호와의 증인에 대한 책과 자료를 얻어 읽곤 했습니다. 여호와의 증인에 대해서 좀 더 알아야 이해하고 가까이 갈 수 있을 것 같다는 생각에서였습니다. 사실 저는 제 나름대로 여호와의 증인인 아이들에 대한 생각이 있습니다. 그것은 바로 제가 좋아하는 『이솝 우화』에 나오는 "바람과 해가 나그네의 옷을 벗기는 시합 이야기"입니다. 이 이야기는 간단합니다. 바람이 거세게 불자, 나그네의 옷이 벗겨질 것 같았지만 오히려 그럴수록 나그네는 옷을 더 세게 움켜쥐고 꼭 붙잡았습니다. 결국 바람은 실패하고 맙니다. 그러나 해는 그저 햇볕을 내리쬐니까 나그네 스스로 더위에 못 이겨 옷을 벗더라는 이야기입니다.

　그렇습니다. 기독교학교는 신앙을 강하게 주입하는 것보다는 그저 기독교 정신의 근본인 사랑을 실천하는 것이라고 봅니다.

　언젠가 제가 감기몸살로 조퇴를 할 정도로 고생할 때 현철이가 교무실로 찾아와서 "꼭 감기 낫기를 기도할게요" 하는데 어찌나 고마웠는지 모릅니다. "고마워! 네 소원대로 꼭 나을게!"

저는 현철이의 말 한마디가 참 고맙고 기뻤습니다. 어느 목사가 여호와의 증인에게서 이런 축복의 말과 기도를 받아 볼 수가 있을까요?

기독교학교를 경험한 졸업생을 만나고서

언젠가 길을 거닐다가 어느 아이가 웃으며 인사하기에 저도 답례로 인사를 했습니다. 그러고는 누군지 살펴보니 2년 전 학교를 졸업한 '박상민'(가명)이었습니다. 가르치는 이에게 가장 큰 보람은 제자를 길러 내고, 그 제자가 잘 자라 주는 것입니다. 오랜만에 만났기에 그동안의 안부를 물었더니 학교 졸업 후 공고에 진학하여 학교생활을 잘하고 있다고 했습니다. 요즘은 아르바이트도 하면서 잘 지낸다고 했습니다. 그동안 키도 컸고, 얼굴도 밝아 보였습니다.

저는 그동안의 안부도 자세히 들을 겸 근처 상민이와 빵집에 갔습니다. 이런저런 이야기를 나누다가 기독교학교를 다닌 소감을 물었습니다. 상민이처럼 교회에 다니지 않는 아이 기독교학교를 다닌 경험이나 느낌을 알고 싶었습니다. 졸업생의 평가야말로 학교가 기독교학교로 어떻게 비춰졌는지를 점검해 볼 수 있는 좋은 기회라 여겼기 때문입니다. 상민이는 교회에 다니지 않는 아이인데, 기독교학교를 경험한 것이 그런대로 좋았다는 의견이었습니다. 먼저 학교에서 진행되는 예배에 대해서 말해 주었습니다. 매주 드리는 방송예배도 그런대로 좋았다고 평해 주었습니다. 학교에서 매월 한 번은 외부 목사님의 말씀으로 월례예배를 하고, 매주 방송예배는 방송실에서 예배를 진행하고, 전교생이 담임선생님의 지도 하에 교실에서 시청하면서 예배에 동참합니다. 이 방송예배는 영상매체를 활용한 예배로 20분 이내라서 좋았다고 하였습니다. 아쉬운 건 방송 기자재가 좋지 못해서 좀 더 다채로운 진행이 안 된 점을 꼽았습니다. 목사인 저와 선생님들만 진행하시는 것보다 아이들의 참여가 있었으면 좋겠다는 조언도 해 주었습니다. 상민의 말에 일리가 있는 것 같았습니다.

다음으로 아침기도회에 대한 의견이었습니다. 매일 아침 조회 전 5~10분 정도 방송을 통한 아침기도회를 진행합니다. 매일 아침 찬송가나 CCM(현대감각의 기독교 음악)을 들려 주고, 좋은 예화를 선정해서 들려 주고, 하루를 시작하는 기도를 합니다. 전 교직원과 아이들 대표들이 한 명씩 맡아 진행을 합니다. 상민이는 이 아침기도회도 참 좋았다고 평가해 주었습니다. 매일 아침 들려 주는 노래가 하루의 시작을 즐겁게 해 주었고, 짧지만 감동적인 이야기들이 인상 깊었고, 매일 기도를 해서인지 학교의 일들이 잘 진행되는 것 같다고 하였습니다.

상민이가 그렇게 좋았다고 평가해 주는 것을 듣고 짧은 시간이나마 매일 진행한 아침기도회가 기독교학교의 특색으로 효과가 있었음을 느꼈습니다. 사실 교회를 다니지 않는 아이들에게 반감을 주지 않으면서 시나브로 기독교 문화의 매력에 빠져들게 하려는 생각으로 이 아침기도회를 기획하고 진행하고 있습니다. 5~10분 정도의 짧은 시간에 진행되는 아침기도회를 20분에서 길게는 1시간 정도 준비를 합니다. 다양한 종교의 상황과 교회 안 다니는 아이들이 많고 공교육의 틀에서 누구나 좋아할 만한 기독교 노래를 선정하는 게 결코 쉽지만은 않은 일이었습니다. 또한 간결하면서도 감동적인 예화를 찾는데도 시간이 많이 걸렸습니다. 매일 예화자료집과 인터넷의 기독교사이트들을 여행하듯 둘러보다가 이거다 싶은 감동적인 이야기를 찾으면 얼마나 기분이 좋은지 모릅니다. 아침기도는 노래나 예화 모두가능한 한 짧게 하도록 진행자에게 주문합니다. 특히 기도는 길지 않도록 주의를 주곤 합니다. 이 시간이 길어지면 아침 기도회 전체가지루하게 느껴지게 되고, 교회를 다니지 않는 아이들은 눈 감고 기도하는 것 자체가 반감으로 이어질 수 있다는 생각이 들었기 때문입니다.

아무튼 고생한 만큼 좋았다는 평을 들으니 기분이 좋았습니다. 가장 인상 깊은 노래나 이야기를 물었더니 노래로는 제 예상대로 '당신은 사랑받기 위해 태어난 사람'이라고 했습니다. 이 노래는 특별히하나님, 예수님, 십자가, 교회 같은 기독교 용어가 직접적으로 드러나지 않지만 노랫말 전체에 기독교 정신이 깊게 스며든 곡이었습니다.이렇듯 직접적이지 않으면서 친근하게 기독교 문화를 접하도록 유도하는 것이 매우 좋은 것 같습니다. 상민이는 이 노래를 자주 부른다고 했습니다. 가끔 국악을 곁들인 찬양도 매우 신선했다고 했습니다.그러나 찬송가를 들려주는 것은 별로 좋지 않았다는 의견이었습니다.

아이들이 찬송가를 접하는 것도 좋을 것 같아 일주일에 한 번 정도는 들려 주고 종교 수업에도 들려주었는데 찬송가에 대해서는 CCM과 같은 곡에 비해 반응이 좋지 않았나 봅니다. 찬송가를 어떻게 자연스럽게 접하게 할지, 어떤 곡들을 선정할지 과제를 안게 되었습니다.

상민이는 3년 동안의 종교 수업에 대한 의견도 제시해 주었습니다.사실 이 부분에서 더욱 긴장하였습니다. 종교 과목을 1학년 때부터 3학년까지 도맡아 진행하면서 여러 가지 시행착오를 거쳐 오는 중이라 저 자신부터 자신이 없었습니다. 상민이는 그야말로 교회 다니지 않는 아이인데 지역학교 배정으로 이 학교에 오게 되었습니다. 그렇게 입학해 보니 입학식 첫날부터 기도하고 입학예배를 드리고, 거기다가 3년 동안 다른 학교에는 없는 종교수업이 있었습니다. 처음엔 '성적에도 안 들어가는 종교수업을 왜 해야 하나?' 하는 생각을 했다고 합니다. 그런데 종교수업 시간에 교회를 지나치게 강조하지 않고 다양한 영화를 보고, 게임, 연극놀이, 토론식 수업을 진행한 것이 재미있었다고 했습니다. 하지만 종교교과로서 기독교를 가르칠 때는 '역시 종교 수업이라 할 수 없구나!' 하는 생각에 솔직히 지루했다고 했습니다.

'종교수업 시간을 어떻게 진행해 나갈까?' 하는 고민을 많이 합니다. 이 고민은 교회학교가 아닌 공교육의 틀에서 진행하는 종교교육을 하는 것에서 비롯됩니다. 교회 다니는 아이들에게 교회 공과공부처럼 한다면 교회에서 배운 것을 학교에서 또 배우니 싫을 수도 있고, 교회 다니지 않거나 다른 종교를 믿는 아이들에게 강제성을 띤 교육은 싫을 수 있습니다. 그래서 수업방법을 다양하게 펼쳐 보려고 노력합니다. 교회 다니는 아이들뿐 아니라 그렇지 않은 아이들 모두가 함께할 수 있는 수업을 모색해 봅니다. 이를 위해 청소년들이 접하기에 무난하면서 생각해 볼 거리가 있는 영화 자료를 모으곤 합니다. 그리고 주제 제기용 스킷드라마 자료와 방송매체에서 방영하는 토론거리 자료를 녹화하거나 인터넷으로 찾습니다.

상민이는 제일 인상 깊었던 것으로 저에 대한 이야기를 해 주었습니다. 저는 농촌 중학교에 있기에 가능한 일을 한 가지에 중점적으로 하고 있었습니다. 아이들 중 상(喪)을 당하거나 가족 중 누가 입원을 하면 가능한 대로 찾아가 위로하고, 격려하고, 기도를 해 줍니다. 그리고 중요한 시험(경시대회, 체육특기생, 예능 대회 참가 등)에 임하는 아이들을 불러 격려해 주고 기도해 줍니다. 지금까지 교회를 다니지 않는 아이나 보호자도 어려운 일이나 중요한 일에 위로하고 격려하고 기도해 준다는 데 싫다고 한 경우는 한 번도 없었고, 매우 고마워하고 심지어 감격스러워하는 분들도 있었습니다. 자신도 언젠가 학교 대표로 체육대회에 나가는데 제가 격려해 주고 기도해 줘서 힘이 났고, 기대 이상의 결과를 얻었던 기억이 난다고 했습니다. 고마운 이야기들을 들으니 시간 가는 줄 몰랐습니다.

집으로 돌아오면서 학교 목사로서 저의 사명을 되새겨 보았습니다. 기독교 학교 현장은 매우 중요합니다. 이는 아무리 강조해도 지나치지 않습니다. 저는 교회 다니는 아이들 못지않게 그렇지 않은 아이들에게 더 관심을 갖고 있습니다. 교회에 다니는 아이들은 교회에서 신앙교육을 받고 기독교 문화를 접하지만 그렇지 않은 아이들은 기독교 신앙과 정신과 문화를 접할 기회가 적습니다. 그러니 지역학교이기에 마지못해 기독교학교에 배정받아 온 교회 다니지 않는 아이들에게 주어진 3년간 어떻게 기독교를 긍정적으로 접하도록 적절하게 교육하느냐는 매우 중요한 과제일 것입니다.

상민이와 같이 교회 다니지 않는 아이는 기독교에 대한 이미지를 교회가 아닌 학교에서 접하게 됩니다. 이 시기에 기독교에 대한 이미지를 잘 심어 준다면 그 씨앗은 학생들의 마음 밭에 뿌려져 30배, 60배, 100배가 되어 자라게 될 것입니다.

상민이는 지금도 교회에 다니지 않습니다. 제가 펼친 3년간의 기독교 교육이 교회로 이어지게 하지는 못했습니다. 그런 점에서 학교와 제 역할은 부족하다는 지적을 받을 수 있을 것입니다. 그러나 3년 동안 강제로 많은 양의 기독교를 접하게 하는 것보다 기독교에 대한 좋은 감정을 갖도록 하는 '씨 뿌림'도 의미가 있다고 생각합니다. 그저 씨 뿌리는 것만으로 커다란 가치와 의미를 두고자 합니다.

저는 상민이를 통해 여러 가지 조언과 격려를 받고는 제가 그동안 해 온 학교 목사로서 씨 뿌리는 일에 대한 반성과 함께 아이들에게 좀 더 가깝게 다가가는 교육을 다짐해 보았습니다. 그러면서 기독교 학교를 졸업한 아이들에게 뿌려진 씨앗들이 잘 자라기를 간절히 기도하는 것도 중요한 일임을 다시금 깨닫게 되었습니다.

선생님, 저를 위해 기도해 주세요

어제 오후, 길을 가다가 요즘 절도와 갈취와 잦은 가출로 학교에서 문제아로 유명하고 현재 보호관찰 중인 3학년 김명석(가명)을 만났습니다. 저는 명석이에게 말했습니다.

"명석아, 요즘 힘들어 보이던데 괜찮니? 내가 아무 도움도 못 주는 것 같아 미안하다. 명석아, 난 누가 뭐라고 해도 널 믿는다."

이 말에 명석이는 웃으면서 말했습니다.

"고맙습니다. 선생님, 저~ 저를 위해 기도 좀 해 주시면 안 될까요? 선생님이 기도해 주시면 제가 힘이 날 것 같아요. 꼭이요." 명석이의 표정과 눈빛에 마음이 찡해져옴을 느꼈습니다. 그래서 이렇게 말해 주었습니다.

"그래, 꼭 기도할게. 네가 기도 부탁하는 걸 보니 많이 힘들었나 보구나. 네가 마음잡고 싶고…… 스스로 반성하고 마음먹는 것만으로도 반은 성공이다. 사람 마음이란 게 변덕스럽잖아. 마음 굳게 먹고 먼 훗날의 너를 기대하면서 오늘을 이겨내 보자. 우리 명석이, 파이팅!"

명석이와 나눈 이야기를 통해 이런저런 생각을 해 보았습니다. 저는 명석이에게 도움을 주었다기보다는 제가 더 큰 위로와 힘을 얻었다고 해야 맞을 것입니다. 명석이는 교회에 다니는 아이가 아닙니다. 그런데 제게 기도 부탁을 하였습니다. 아마 명석이를 위해 기도해 주는 사람이 없나 봅니다. 명석이의 부모님도 아들을 포기하다시피 한 상태라고 합니다. 오죽하면 주변에서 이제는 소년원이나 대안학교로 전학가기를 바랄 정도입니다.

이렇게 되기까지 명색이 학교 목사로, 그리고 선생으로 무엇을 했나 싶은 생각을 하니, 제 마음은 미안함으로 가득한 듯했습니다. 그저 제 교과 가르치는 데 열중하느라 마음 아픈 아이를 제 가슴에 담아내지 못한 것 같습니다. 수업시간에 기껏 제가 하는 말은 "책 가져와라", "조용히 해라", "공부 좀 해라"가 전부였습니다. 고맙게도 명석이는 제 시간에 잘 따라 주는 편이었습니다. 아는 게 나오면 대답도 잘해 주고, 질문도 하면서 생기발랄하게 참여하곤 하였습니다. 그런 모습에 더 방관자가 되었나 봅니다.

요즘 학교 일과 교회와 제 개인적인 일에 치여 살다 보니 좀 바빴습니다. 기도해 달라는 명석이의 말에 부끄러움을 느낍니다. 사실 전 명석이를 위해 기도한 적이 단 한 번도 없었습니다. 수시로 교무실에 불려 와서 야단맞을 때마다 살짝 제게 고운 눈빛을 보내오기에 저도 반겨 주는 눈빛을 전할 뿐이었습니다.

어느 선생님은 저런 놈들은 유전자 자체가 문제라고, 부모의 책임이라 말씀하십니다. 오죽하면 그렇게까지 말씀하실까 싶었지만 그래도 좀 지나친 표현이신 것 같다는 생각에 마음이 아팠습니다. 아무리 이해하려고 해도 유전자까지 들먹이시는 건 도저히 동의할 수 없었습니다. '유전'이라는 단어에 반감이 생겼습니다. 유전…… 아이들을 생물학적인 결정론으로 본다면, 우리 교육이 설 자리는 없을 것입니다. 그렇게 규정지으면 교육은 무슨 의미가 있을까 싶었습니다. 더욱이 학교 현장은 우리가 사는 세상은 일등만을 인정하는 교육으로 치닫고 있습니다. '경쟁', '평가', '적자생존' 이런 말들이 지극히 당연시되는 세상에서 살고 있습니다. 이런 세상에서 어그러진 가정, 마음이 허전한 명석이와 같은 아이들에게 학교가 좋은 곳일 수 없을 것만 같았습니다. 더욱이 명색이 목사인 저는 무늬만 목사였으니까요.

저는 오늘 아침 진심으로 굳게 다짐하며 기도했습니다. 그러고는 마음 모아 명석이에게 텔레파시를 보내듯 말했습니다.

"명석아, 미안하다. 난 널 내 마음에 담아낸 적이 없구나. 정말 미안하다. 꼭 널 위해 간절히 기도할게. 너를 내 마음에 담고 기도할게."

저는 오늘 문득 이런 생각을 해 보았습니다. 저는 목사도 아니고, 선생도 아닙니다. 그저 목사와 선생이 되어 가는 길을 걷는 중에 있습니다. 가다가 돌부리에 넘어지기도 하고, 길에 핀 작은 들꽃에 발걸음을 멈추고 쭈그리고 앉아 한참을 들여다보기도 하고, 지나가는 사람들과 기차나 버스를 보고는 손을 흔들어 주기도 하고, 한눈팔다가 넘어지기도 하면서 제게 주어진 길을 걷는 중입니다. 이 길에서 만나는 모든 이를 저의 도반(道伴)으로, 친구로 삼고 나가야 합니다. 이 길이 때론 지치고 힘들게 하지만, 제게 믿음과 사랑과 소망이 있음은 참된 샘이 되어 주시는 예수님이 함께하시기 때문입니다.

선한 목자는 아흔아홉 마리 양의 평안에 머물지 않고, 다함없는 사랑으로 길을 잃어버린 연약한 한 마리 양에게까지 사랑의 눈길로 다가갑니다. 아흔아홉 마리가 평안하다고 해도 잃어버린 한 마리 양을 향한 관심과 사랑을 멈추지 않습니다. 오히려 더 집중하여 그 양을 찾아서 험한 산길을 헤맵니다. 선한 목자가 한 마리 양을 찾아 나설 때, 그 길을 막지 않고 마음으로 성원하며 자기 자리를 지키는 아흔아홉 마리 양들도 참 아름답습니다. 선한 목자와 아흔아홉 마리 양 그리고 길을 잃은 한 마리의 양이 만나서 얼싸안고 울고, 웃는 세상이 바로 하나님의 나라는 아닐까 싶습니다.

'명석아 사랑한다. 너로 인해 나의 사명을 되새겨 본다. 나를 믿고 기도 부탁해줘서 고맙다.'

설익은 선생질을 반성해 봅니다

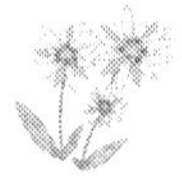

요즘 날씨가 너무 더워 일할 의욕을 상실하곤 합니다. 나른한 오후
엔 저 혼자 깊은 숲 속에 들어가 아무렇게나 드러누워서 새소리를 들
어 보고, 푸른 하늘과 작은 구름 조각들을 보면서 풀잎 하나 물고 흥
얼흥얼 노래라도 부르면 좋겠다는 생각이 들곤 합니다. 그러다가 잠
들면 평안할 것 같습니다. 그런데 그럴 수 없는 현실……

언젠가 졸업생 아이가 제게 나무를 사랑하는 선생님이라고 한 말
이 생각납니다. 저도 모르게 나무를 예찬하는 말을 많이 한 것이 그
아이에게는 그렇게 비춰졌나 봅니다. 하기야 저는 진짜로 나무를 참
좋아합니다. 한 그루의 나무를 보면 마음이 편해지고 삶의 지혜도 체
득하곤 합니다. 제게는 아이들이 꿈나무입니다. 요즘은 나무를 즐겨
볼 수 있어 좋습니다. 올해 학교에서 교목실을 쓰지 않게 되면서 교
무실에서 근무하게 되었습니다. 처음엔 교무실 문간이라 문지기로 그
사명을 다하면서 바로 정면에 보이는 나무들이 아주 정겹고 좋았습
니다. 제가 또 좋아하는 푸른 하늘도 만끽할 수 있어서 더 좋았습니
다. 그러다가 2주 전 즈음, 지금의 자리로 옮기게 되었는데 여긴 더

좋습니다. 학교 건물 가에 심어진 나무와 푸른 하늘을 더 가까이 보게 되고, 바로 옆에 개수대가 있어 물을 좋아하는 제게는 아주 딱인 자리입니다. 그러니 학교 목사라고 혼자 있던 방(교목실)보다 지금이 더 좋습니다.

사람은 서로 어울려 살아야 하는 것 같습니다. 혼자 방을 쓰면 장점도 있었지만 특별대우받는 불편함이 조금있었던 차에 아주 잘되었습니다. 교무실에 있다 보니 선생님들과도 세상 사는 이야기를 나누다 보니 제가 더 수다쟁이가 된 듯합니다.

어느 날 문득 생각해 보니 제가 학교에서 근무한 지 벌써 10년입니다. 한 가지 일을 10년 하면 어느 정도 도가 트인다는데 저는 그렇지 않은가 봅니다. 뺀질거림과 타성과 잔머리만 늘었습니다. 복지부동이라고 하나요. 시키는 일도 마지못해 대충하고, 새로운 일을 찾아서 하는 건 별로 없습니다. 수업연구라고 해 봐야 고맙게도 10년간 교과서가 바뀌지 않아 매년 짧은 국어지식으로 우려먹으면 됩니다. 오늘 우리 시대에 교사만한 안정된 직장이 없지요. 교원 평가라는 게 생기기는 하였으나 이걸로 잘리지는 않을 것이니 긴장되고 귀찮기는 하나 자리보존은 가능할 것입니다. 그러고 보면 저는 딱 전형적인 삼류 선생인가 봅니다.

벌써 42살이라는 나이로 우리 중학교 아이들과는 두 배 하고도 반이나 넘을 정도의 나이차가 납니다. 이에 따른 거리감을 어떻게 해야 하나요. 요즘은 아이들 학부모님과 제 나이가 엇비슷하거나 제가 더 나이 많은 축에 속하기도 하니 이거 큰일입니다. 예전엔 아니었는데 요즘은 아이들의 은어(隱語)도 못 알아듣곤 합니다. 이거 교직생활의 커다란 위기에 봉착한 느낌입니다. 그래도 다행히 저 스스로 권위 그런 거 모르면서 살고 싶고, 아이들이 저를 편하게 대해 주기를 바라는 마음입니다. 아이들이 마음 편히 맞먹을 수 있는 목사와 선생이 바로 저이면 족할 것 같습니다.

어떤 아이는 중학생이지만 저보다 체격이 큽니다. 아이들 말대로 선생과 학생이라는 계급장 떼고 한판 붙으면 제가 질 것입니다. 어느 아이는 걸핏하면 저에게 팔씨름하자, 씨름하자고 덤벼듭니다. 한번은 이 아이가 복도에서 저를 번쩍 안아 젖히는데 어찌나 힘이 세던지 발버둥쳐도 빠져나올 수 없었습니다.

요즘 날씨가 무덥습니다. 그런데 학교에서는 에너지 절약 차원에서 에어컨 사용을 줄이고 선풍기를 가동하라고 하니 아주 고역입니다. 무더위에, 냉장기도 가동치 못하고 이런 악동들을 데리고 수업을 하려니 해야만 합니다. 그것도 요즘 무슨 놈의 학력신장이다, 도학력평가다, 교원능력개발평가다 하여 야단입니다. 찌는 듯한 더위인데 교실마다 에어컨과 선풍기는 그저 전시용일 뿐이니 저나 아이들 모두 수업 시간이 견디기 힘든 고통의 연속입니다.

오늘 제가 가르치는 국어수업 시간에, 아이들이 미치기 일보 직전일 정도로 덥다고 아우성이었습니다. 더운 건 저도 마찬가지이니 그 마음을 잘 아는데 눈에 띄는 냉방기는 그저 그림의 떡인 걸 어쩔 도리가 없었습니다. 도학력평가 점수 결과를 학교마다 순위로 공개한다고 하니, 시험 범위 진도를 마치고 찍어 주기 학습도 하려면 갈 길도 바쁜 지경이었습니다.

그나마 아이들에게 종이라도 말아서 부채질을 하라고 하였지만 이것도 잠시 잠깐일 뿐이었습니다. 아이들은 계속해서 덥다고 아우성인데 참으로 대략난감이었습니다. 생각다 못해 남자들끼리니, 옷이라도 편한 대로 벗어도 된다고 하였습니다. 그 말에 짓궂은 아이는 팬티까지 모두 벗으려는 걸 그거라도 입으라고 사정하여 팬티만 걸치고는 다 벗었습니다. 그러고는 제 딴에 섹시한 포즈를 취하니, 다들 박장대소…… 남자들끼리라 가능한 일이었습니다. 그렇게 수업하다가 아이들이 키득키득 웃기에 바라보니 어느새 전염병처럼 급속도로 나체바람기가 펴져 나가 대부분의 아이들이 팬티 바람이었습니다. 이러다간 제가 나체촌에서 혼자 옷 입고 있는 이상한 모습이 연출될 지경에 이르렀습니다. 이런 모습에 책을 읽다가 저도 모르게 웃어 버리고 말았습니다. 선생의 웃음에 아이들도 덩달아 웃었습니다.

저는 책을 덮어 버리고는 마치 미스코리아 선발대회 심사위원인 양 아이들을 점수 매겼습니다. 물론 이건 수행평가에 반영하는 건 아니었습니다. 제 주특기인 반대로 말하기 전법으로 아이들의 적나라한 몸에 대해 심사를 하였습니다. 저의 심사평으로 아이들과 저는 또 한바탕 웃음꽃을 피웠습니다. 그러다가 저는 명함도 못 내밀 호적수와 맞닥뜨렸습니다. 저보다 한 수 아니 비교도 안 되는 아이의 심사평은 모두를 포복절도하게 만들었습니다. 이 아이는 매 수업 시간마다 절묘하게 야한 이야기로 연결하는 탁월한 능력을 갖고 있었습니다. 그래서 제가 붙인 별명인 저의 성스러운 수업을 성적으로 바꿔 버리는 만행을 저지른다는 의미로 '강간범'이라고 별명을 붙이고 놀려대도 그걸 좋다고 늘 웃는, 성격 좋은 아이입니다.

이 아이는 "누구는 배꼽이 섹시하다", "가슴이 어떻다", "각선미가 누구 같다"는 등 해대는데 어쩌면 그렇게 신체적 특징을 절묘하게 끄집어내서 평을 하는지, 언어구사력으로 보면 저와는 비교도 안 되는 탁월함의 극치를 달립니다. 모든 이야기는 야한 이야기로 귀결시

켰습니다. 이렇게 탁월한 순발력에 의한 우리말 실력은 분명 국어 수행평가에서 만점을 주고도 남을 일이나 모든 이야기를 야한 이야기로 만들어 버리는 수업방해꾼에게 그렇게 할 수는 없는 선생 노릇임은 어쩔 수 없나 봅니다. 그리고 보니 목사가 수업 시간에 성적으로 민감한 아이들하고 야한 이야기를 즐기는 꼴이니 잘하는 건 아닐 것입니다.

이렇게 신나게 놀다가 문득 혹시, 요즘은 학력신장이 중요하고 도 학력평가 점수를 학교마다 공개하는 이야기로 높은 분들이 강조하는 시기이기에, 괜스레 복도를 순시하시다가 보시면 수업에 대해서 뭐라고 하시겠다 싶었습니다. 생각이 여기에 이르자 도둑이 제 발 저리듯 안 되겠다 싶은 마음이 들었습니다.

"얘들아! 이제는 행복 끝, 불행 시작~! 수업하자~!" 저의 완곡한 말은 이제 한껏 흥에 겨운 터에 찬물을 끼얹는 격이었으니 그냥 제 말을 무시해 버렸습니다. 사실 이미 긴장이 풀릴 대로 풀린 분위기를 되잡으려는 저만 변죽을 울린 꼴이었습니다. 그도 그럴 게, 아이들은 하나도 겁 안 내는 악동들입니다. 지금 생각해 보니 거기다 대고 저만 악을 쓰며, 수업하자고 해대는 꼴이었으니 우습기도 합니다. 그런데 그 상황에선 '안 되겠다.' 싶어서 매를 들고는 "이제부턴 진짜 장난치고 떠들면 때린다."고 엄포를 놓았습니다. 그렇게 말하고 나니 제가 생각해도 좀 치사한 것 같았습니다. '꼭 이렇게만 해야 하나!' 하는 생각에 제 꼴이 우습고, 처량해 보였습니다.

그러나 이미 풀린 나사를 조인다고 될 리가 없는 것이었습니다. 역시, 우리 시대 최고의 장난 만땅 야한 이야기꾼이 제게 딴죽을 걸어왔습니다. 순간 저도 모르게 무슨 이게 교권에 대한 도전도 아닌데,

기강을 확립하려는 듯 일벌백계(一罰百戒)하려는 제복쟁이들처럼 버럭 화를 내고는 말한 대로 매를 들었습니다. 매 맞는 아이는 뾰로통한 표정으로 입을 삐죽이면서 맞았습니다. 때리는 저나, 맞은 아이나, 이를 본 아이들 모두 일그러진 얼굴들이었습니다. 때리고 나서는 화를 내면서 수업 태도가 어쩌고, 학력신장이 어쩌고, 학생의 본분이 어쩌고 해대며 설교를 해대다가 수업을 마쳤습니다.

사실 제가 아이들에게 야단쳤지만 제가 잘한 건 하나도 없었습니다. 무더위에 하기 싫은 공부를 해야 하는 아이들에게 재미없게 수업한 제가 더 잘못으로, 교사의 본분을 다하지 못한 것입니다. 그것도 한껏 풀어 주고는 되돌리려고 했으니 제가 이상심리학에서 말하는 조울증, 기분장애였던 것이었습니다.

수업진도, 시험, 평가 그까짓게 뭐 그리 중요하다고…… 학력신장, 도학력평가 뭐 이런 걸로 제게 불이익이 미칠까 전전긍긍하는 꼴이라니……. 아이들과 저는 무더위에 그림의 떡인 냉방기를 보면서 팬티바람에 박장대소, 포복절도하던 그 시간이 더 정겹고 행복하였습니다. 저는 살아 숨쉬는 아이들의 에너지가 전해지는 듯하여 좋았습니다. 그런데 제가 우리 모두가 누렸던 행복한 시간을 깨 버리는 천인공노할 만행을 저지르고야 만 것입니다. 갑자기 밀려오는 서글픔과 미안한 마음으로 깊은 상념에 빠져들었습니다.

요즘 하나의 버릇이 생겼습니다. 저도 모르게 우두커니 서성이면서 멍하니 교무실 창밖을 내다봅니다. 객쩍은 폼을 잡으려는 건 아니고, 그저 마음이 우울할 때는 저도 모르게 그러고 있는 저 자신을 발견하곤 합니다. 한참을 멍하니 바라보는데 문득 창밖의 하늘을 찌를 듯하게 높이 자란 나무들과 풍성한 잎사귀들이 아이들로 보였습니다. 푸른 하늘, 넓은 벌판으로 치닫는 나무들이 아이들인 것을, 풋풋한 생동감에 찬물을 끼얹고 말았다는 자책감이 들었습니다.

아이들과 사귐을 가져 온 지 10년, 이제는 마흔둘이란 적지 않은 나이를 먹었는데도 아직도 자기감정조절 하나를 못 해서 이렇듯 아이들을 괴롭히곤 합니다. 괜히 화내고 이랬다저랬다 합니다. 변덕스런 선생을 만나 아이들이 고생입니다. 다음 수업시간에 진심으로 미안함을 말해야겠다는 생각이 들었습니다. 그런데 내일이 도학력평가이고 모레부터 이틀간 수련활동을 떠나고, 그다음 날은 쉬는 토요일이고, 그다음 날은 일요일이니 아이들에게 사과할 타이밍 찾기도 어렵습니다. 감사와 사과의 표현은 빠를수록 좋은건데 어떻게 하나 싶었습니다.

생각이 여기까지 미치자 교무실을 박차고 나가서 교실로 뛰어가, 아이들 하나하나를 만나서 사과를 하였습니다. "화내서 미안하다." 사실 저는 아이들을 위해서라기보다 제 마음이 편하고자 일부러 아이들 찾아다니며 개별적으로 미안함을 말한 것이었습니다. 오늘 또 저는 좌충우돌 선생질로 소중한 아이들을 괴롭히고 말았습니다. 아이들이나 저나 이리저리 흔들리면서 자라나 봅니다.

흔들리며 피는 꽃

도종환

흔들리지 않고
피는 꽃이 어디 있으랴

이 세상
그 어떤 아름다운 꽃들도

다 흔들리면서 피었나니
흔들리면서 줄기를 곧게 세웠나니

흔들리지 않고 가는
사랑이 어디 있으랴

젖지 않고
피는 꽃이 어디 있으랴

이 세상
그 어떤 빛나는 꽃들도
다 젖으며 젖으며 피었나니

바람과 비에 젖으며
꽃잎 따뜻하게 피웠나니
젖지 않고 가는 삶이 어디 있으랴.

오늘, 저의 서툰 선생질을 반성하면서 다시금 되새겨 본 생각입니다. 저는 교육에 대해 말만 참 잘하나 봅니다. 하나라도 분명하게 실천해야 바른 교육인 것을요.

제가 소재를 제공하여 <TV 행복한 세상>에 방송된 '그때 그때 다른 수업'(2010년 2월 11일 목요일 방송)에 나오는 글입니다. 아이들을 가르치며 배우면서 늘 가슴에 되새겨 봅니다.

"많은 것이 좋은 것이 아니라 맞는 것이 좋은 것입니다. 학생에게 많은 것을 가르치기보다 맞는 것을 가르치는 교육, 좋은 교육이란 타고난 가치를 인정해 주는 것입니다."

온 누리의 축제, 우와~ 월드컵

　어제 학교에선 선생님과 아이들이 졸리다고들 난리였습니다. 지금 펼쳐지고 있는 세계인의 축제 월드컵에서 우리나라의 16강 진출이 결정되는 중요한 경기가 있는 날이었습니다. 그런데 이 경기가 새벽에 열리는 관계로 새벽에 마음 졸이면서 축구를 보고 출근들 하셨습니다. 경기에 대해 승패와 점수로 약간의 돈을 걸고 내기들도 하셨으니 경기를 열심히들 보셨나 봅니다. 아쉽게도 이기신 분은 없었지만 다들 좋아하셨습니다. 결과는 나이지리아와 2:2로 비기면서 16강 진출이 확정되었으니까요. 이제 잠 못 이루는 밤과 출근하여 피곤해 하는 일상이 더 이어질듯 합니다.

　저도 젊었을 땐(2002 월드컵) 그랬습니다. 진짜 심장 떨렸고, 초긴장으로 피를 말렸습니다. 그때 한 두 명인가 축구를 보다가 유명을 달리하신 걸로 기억합니다. 몇 해 전부터 집에 TV를 치웠기에 자연스레 이제는 세상 돌아가는 걸 잘 모릅니다. 신문을 안 본 지는 오래되었습니다. 주요뉴스는 인터넷에 뜨니 그걸로 보곤 합니다. 그러다 보니 월드컵도 그냥 인터넷으로 결과만 보곤 합니다. 어제 새벽엔 자는

데 밖에서 "박주영~" 하는 고성이 들렸습니다. 잠결에 '박주영이 골을 넣었나 보다' 싶었습니다. 잠결에 든 생각이 '허정무 감독이나 선수들이나 가족들은 진짜 심장이 떨리고, 간이 콩알만 해질 것 같다'는 생각이 들었습니다. 저는 감독이나 선수나 가족이 아니라 다행이다 싶었습니다. 아마도 보는 이들이 이렇게 떨리는데, 정작 실제로 임하는 선수단은 얼마나 떨릴까 싶었습니다. 워낙 기대가 크고 큰 경기라 그 떨림은 이루 말할 수 없을 것입니다.

아무튼 요즘 월드컵 경기 열기로 온 나라가 시끌벅적합니다. 좀 지나치다 싶을 정도로 사회문제 같은 것이 주목을 끌지 못하고 묻혀 버리는 듯한 아쉬움도 가져 봅니다. 더욱이 월드컵에 담긴 강대국의 놀이, 신자유주의적 저의가 싫기도 합니다. 사실 세계적인 축제로 놀이이긴 하지만 세계적인 돈 배당의 죽음의 놀이인 듯하여 마음이 불편하기도 하고요. 제가 별로인건 제 사정이고, 그래도 많은 이들이 즐기고 좋아하니 좋습니다. 이로 인해 어느 분은 세계 곳곳에서 우울증도 좀 치료되고 기뻐하다가 앉은뱅이도 좀 일어나고 했으면 좋겠다고 하셨습니다.

하기야 뭔가 지루한 일상을 깨는 신선한 자극제가 좋을 것도 같습니다. 이런 기회에 투철한 국가관과 애국심도 발동합니다. 요즘엔 학교에서 전체조회나 행사 시 국민의례 하는데 그때만 억지춘향 격 애국심으로 국기에 대해 경례합니다. 그런데 가끔 월드컵, 올림픽, 세계 야구 대회 같은 걸 보면서 진짜 간절히 애국심이 생기나 봅니다. 애국심이 꺼질 듯할 때마다 스포츠로 불씨를 살려 내나 봅니다. 하기야 가끔 교회 간에 무슨 축구대회 같은 거 가 보면 응원이 아주 재미만점입니다. 언제 그렇게 우리 교회를 좋아했다고, 같은 교회라는 의식이 저렇게 강했나 싶습니다. 응원에 열을 올리는 모습이 그렇게 신기해 보이곤 합니다.

이번 월드컵경기에서 북한 팀의 정대세가 아주 인기였습니다. 많은 사람들이 북한 팀을 응원했습니다. 이를 보면서 문득 어렸을 때가 생각났습니다. 제가 어릴 땐, 북한을 '북괴'로 규정하고 아주 증오하도록 배웠습니다. 그런데 세상 참 좋아졌나 싶습니다. 분반(직업병인가요, 분단인데 쓰고 보니)의 아픔과 통일의 염원이 담긴 영화들도 여러 편 나왔습니다. 물론 영화라는 대중 문화적 특성상 상업적인 것을 염두에 둔 측면도 있지만 지금도 <공동경비구역>, <쉬리>, <웰컴 투 동막골> 같은 영화는 감동이 가슴 깊이 남아 있습니다.

저는 영화를 참 좋아합니다. 그렇다고 유명 개봉관에 가서 보는 건 아니고, 그저 인터넷으로 다운받아서 봅니다. 이를 제가 하는 종교와 국어 수업에 활용하기도 합니다. 영화 외에 제가 좋아하는 프로그램은 '드라마시티'와 '베스트극장'과 '휴먼다큐 사람'인데 이런 프로는 비인기인가 봅니다. 너무 가벼운 예능 위주이고, 드라마도 지나치게 시청률을 의식하는 저급함이 아쉬움으로 남아 TV를 멀리한 이유입니다. 그리고 요즘은 TV 볼 여유가 없습니다.

아무튼 저는 수업 시간에 영화나 드라마를 적극 활용합니다. 저는 공부의 양보단 삶의 이야기를 펼쳐 내고 이야기 나눔이 좋습니다. 아이들이 또 영상세대이기도 합니다. 저도 이미 굳어 버린 활자 글만 가르치고 외우라고 주입하는 것은 재미없습니다. 제가 국어선생으로 작품을 해부하고, 분석하고, 해설하는 거 별로라 서요. 제가 무슨 걸어 다니는 국어 참고서도 아니고요. 하기야 차범근 아저씨처럼 구수하면서도 진지하고 실력 있는 해설자이면 좋지만요. 이걸 잘 못하니 가끔 애들에게 영화나 드라마 보여 주는지도 모릅니다. 저는 국어 선생으로는 영광스럽게도 영~ 꽝~일 것입니다.

하기야 요즘은 이곳 시골에서도 좀 사는 아이들은 학원에서 다 배우고, 쉽게 암기하는 요령도 습득합니다. 학원 샘들처럼 탁월하고 쉽게 이해시키기엔 저 같은 공교육의 타성에 젖어든 교사는 두 손, 두 발 다 들었습니다. 가난한 시골 아이들과 공부라는 것하고는 담을 쌓고 사는 아이들은 하루에 6~7교시를 학교에서 버텨야만 하니 오죽 지루하겠나 싶습니다. 하루 종일 억지로 그놈의 교과서와 만나야 하고 선생님들 이야기 아닌 주입식 지식을 머릿속에 쑤셔 넣어야 하니……. 샘들이 들려 주는 구수한 입담에서 나오는 이야기이면 좋지만 진도 나가야 하고 진학시켜야 하는 우리네 현실이 학교를 어렵게 합니다. 수업 꽝이니 자기 합리화하는 것이지만요.

아무튼 가르치는 저도 국어 교과서 해설이 재미없게 느껴지곤 합니다. 더욱이 올핸 수험생인 중학교 3학년 국어를 가르치니 입시를 위해 수업진도에 매진해야 하고, 방과 후 학교라는 명목으로 보충수업도 해야만 합니다. 이번 여름방학도 그럴 것 같습니다. 3학년 국어 시간엔 제가 좋아하는 영화나 드라마를 못 보여 주니 재미없습니다.

학력신장, 그거 뭐예요?

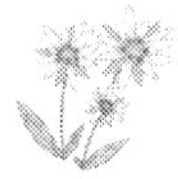

　요즘 학교마다 '학력신장'이라는 지상과제로 난리입니다. 제가 몸 담고 있는 학교도 아침 7시 30분에서 8시 10분까지 자원하는 아이들과 자원하는 선생님들이 수업을 합니다. 이게 바로 '아침영재수업'이라고 합니다. 저는 영재를 못 가르치는 둔재라서 굳이 애써 영재수업을 하지 않습니다. 그런데 저는 참 별나게 사는 것 같습니다. 요즘 들어 7시도 안 되어 출근하곤 합니다. 학교에 제일 먼저 와서는 맑은 공기를 학교 안에 들여 놓으려는 욕심으로 모든 문을 활짝 열곤 합니다. 가끔 이런 제가 '참 별스럽다' 싶습니다. 저는 결과적으로는 남보다 학교 근무시간이 많은데 정작 그에 대한 수당은 전혀 없습니다. 하기야 하라고 등 떠민 사람도 없습니다. 그런데 저는 안 해도 되는 걸, 더하고 있습니다.

　요즘 밤늦게까지 아내와 함께 겨레와 가람이를 돌보면서 시달리고 나면 학교에 머무는 게 조금은 아이들로부터 해방된 것이기도 합니다. 조용한 시간에 책도 읽고 글도 씁니다. 학교에선 야간자율학습도 자원하는 아이들을 위해 운영합니다. 아이들을 위해 감독교사는 모든 교사가 순번제로 하니 낼 저녁엔 이걸 해야만 합니다. 솔직히 제 생각엔 뭔 중학교 1학년 아이들이 아침 7시 30분까지 학교 와서는 수업 듣고 하루 6~7시간 수업 듣고 학원 가거나 방과후 학교라고 또 2시간 수업 듣고 3시간 정도 또 야간 자율학습을 합니다. 어느 땐 아이들이 공부하는 기계들 같다는 생각에 안쓰럽습니다.

요즘 월드컵에서 차두리 선수가 "로봇"이라는 말도 안 되는 말이 나온다는데 우리 아이들이 머릿속에 마구 쑤셔 넣는 기계들 같습니다. 그냥 뛰어놀고, 여행하고, 책 보고, 음악 듣고, 미술관 가고, 연극 보고, 그러면서 살면 안 되나 싶습니다. 요즘 학교는 음악과 미술은 주 1시간입니다. 영어는 워낙 우리 정부가 강조하니까 그런지, 우리 학교도 아침 영재반부터 줄기차게 영어, 영어를 강조합니다. 영어 원어민에, 영어교실에, 영어 회화 전담강사에……. 에고, 이럴 거면 우리나라가 미국의 한 주가 되는 게 낫지 싶습니다. 미국은 주마다 자율적이니까요.

요즘 세상은 영어 잘해야 좋은 사람인 세상인가 봅니다. 우리 신학 분야도 영어 좀 하고 유학 좀 다녀와야 폼이 납니다. 수입산 지식 아니면 교수 되기도 어렵습니다. 국산 지식은 값싼 지식 취급을 받습니다. 제가 공부하는 분야로 간혹 학술논문을 투고해 봅니다. 그러면 이에 대한 심사평을 받게 되는데 이런 내용이 많습니다. "저명한 원서를 깊이 인용하지 않으면서 열심히 연구하였다."(좋게 본 경우), "원서이해와 활용능력이 현저히 떨어진다."(나쁘게 본 경우) 이러다 보니 저도 모르게 심사규정을 맞추기 위해 억지로라도 제 주장이거나 국산학자 주장을 원서를 찾아서 꿰맞추곤 합니다. 이래야만 하는 현실이 안타깝습니다. 꼭 이렇게 해야 학술적인 글에 폼이 난다고 여기는 것 같습니다. 또 제가 수입산 지식도 아니면서 하늘같은(이른바 SKY 대학) 대학도 아니니 낮게 보는 것 같기도 합니다. 높고 유명한 대학 전임이나 연구소가 폼 나는데 지방 군소도시 박사과정이고, 작은 농촌중학교 소속이 학술지의 질을 떨어뜨린다고 보는 것 같기도 합니다.

하기야 지역교육청(교수학습지원센터) 산하의 상담소 이름도 '위'(Wee＝We 우리들＋Education 교육, We 우리들＋emotion 감성)센터입니다. 여기서 위(Wee)라는 말에 아쉬움을 가져 봅니다. 우리말 중에서도 좋은 게 많은데 영어 조합어로 영어권도 모르는 신조어를 만드는 게 좀 씁쓸합니다. 우리는 영어를 참 좋아하는 나라인가 봅니다. 사람 마음을 어루만져 주고, 쉼을 주고, 재충전하게 하는 곳도 영어를 씁니다. 설마 '위'라는 말을 강조하려는 건 아닐 것입니다만……. 센터(Center)라는 말은 중심이라는 의미입니다. 만약 저더러 이름을 지어 보라고 한다면 뭐가 좋을까요? '머슴둥지', '사랑방', '사랑나눔터' 같은 우리말로 하면 더 좋을 것 같습니다만……

아이들을 위한 나무그늘이고 싶어요

　오늘 퇴근하는 저에게 쪼르르 달려온 사랑이가 하는 말이었습니다. "아빠, 오늘 어린이집 선생님이 숙제로 우리나라가 하는 월드컵 경기 꼭 보고 누가 골을 넣는지 알아 갖고 오라고 하셨어." 이거 참, 저희 집엔 TV가 없는데 이를 어쩌란 말인가 싶었습니다. 방과후 학교 수업하러 다시 학교로 가야 하기에 사랑이에게 대충 대답을 하였습니다. "응, 알았어." 이 대답은 그러겠다는 것도 되지만 그저 네 말의 뜻을 알았다는 것도 됩니다. 아예 모른다, 안 된다는 건 아니니 문제의 핵심을 피해 갈 수 있는 묘한 대답입니다.

　이렇게 대답하고는 순간 놀랐습니다. 사실 이런 식의 말하기는 아이들이 제게 하는 말하기 방식인데 제가 하도 듣다 보니 배운 것 같습니다. '근주자적 근묵자흑'(近朱者赤 近墨者黑)이라더니 그런가 봅니다. 자꾸 접하다 보니 좋은 것이든 나쁜 것이든 닮아 가는 법이 사람 사는 이치인 것을요. 사랑이는 제가 월드컵 시청 가능하게 해 줄 것으로 믿고는 다시금 신나게 어린이용 지능개발 놀이학습에 빠져들었습니다.

저는 일단 위기를 넘기고는 가람이를 좀 봐주려는데 이번에 둘째 겨레가 쪼르르 달려와서는 안아 달라고 떼를 썼습니다. 요즘 부쩍 안아 달라고, 놀아 달라고 떼를 쓰는 게 아무래도 위로 누나가 있고, 아내로는 동생 가람이가 있으니 사랑 받기의 경쟁심이 촉발된 듯합니다. 이거 참~ 졸지에 제가 인기집중이라 신나야 하는데 인기관리가 여간 힘든 게 아닙니다. 저의 몸은 점점 쇠잔해지는데, 아이들의 생기발랄, 활력 넘치는 자라남이 저와는 정반대이니 대략난감입니다.

오늘도 겨레를 안아 주는데 어찌나 무거운지 이제는 힘에 부치는 듯합니다. 그러다 보니 목마 태우는 게 낫다 싶어 자세를 바꾸려면 여지없이 겨레가 떼를 씁니다. 너무 빨리 바꾸는 것에 대해 이의를 제기하는 몸짓에 이 아비는 또 정신력으로 버텨야만 합니다. 제가 너무 진도가 빨랐으니 야단 맞을 만하였습니다. 하는 수 없이 놀아 주고는 겨레가 좋아하는 장난감 자동차를 들려 주고 한숨 크게 돌렸습니다.

아! 그런데 쉬는 시간도 쉽게 주어지지 않나 봅니다. 셋째 가람이도 저를 기다렸습니다. 가람이가 제일 좋아하는 것은 먹는 것과 안아 주는 것입니다. 그러니 이를 동시에 해 줄 땐 최고입니다. 오늘 제가 거칠 마지막 관문이 바로 이것입니다. 제가 최근 알게 된 아주 좋은 방법입니다. 저는 컴퓨터 책상의자에 앉아서 우리나라 가곡을 들으면서 가람이를 안고 분유를 먹였습니다. 저도 좀 쉬고, 음악 듣고, 가람이도 안아 주고, 분유 먹이고, 가람이에게도 음악을 들려주니 그야말로 일거오득이었습니다. 이렇게 하여 퇴근 후 지친 몸을 추스르면서 세 남매를 사랑하는 아비의 역할을 수행하고는 학교로 향했습니다.

요즘 아이들이 참 불쌍하다는 생각을 하곤 합니다. 교육도 참 어렵고, 저 자신도 학교생활에 재미를 덜 느끼는 처지인지라 마음이 좀 무겁습니다. 중학교 아이들이 아침 7시 30분부터 아침 영재수업이라는 걸 하고 하루 6~7교시 수업하고 방과후 학교로 2시간을 해야 합니다. 그러고는 또 7시부터 9시까지 꿈나무 공부방이라고 야간자율학습을 합니다. 물론 정규수업 시간 이외는 모두 자원하는 학생에 한해서이지만 중학교 아이들의 경우 선택의 결정권은 부모님이나 학교인 경우가 대부분입니다.

학교의 정규 수업 시간 이외의 프로그램이 아니더라도 아이들은 학원에 다니느라 저녁도 못 먹거나 대충 빵과 우유로 때우는 경우가 허다합니다. 시골 작은 중학교까지 학원 차가 아이들을 데리러 옵니다. 가끔 보면 아이들이 학원 봉고차에 승·하차하는 게 꼭 구치소에서 재판받으러 법정에 출두하는 사람들 같다는 생각이 들곤 하여, 아이들이 저를 보고 반갑게 인사할 때 저는 쓴웃음으로 맞인사를 하곤 합니다. 온통 공부, 공부 하는 세상에서 산다는 게 서글픕니다. 더욱이 저는 그런 제도권에서 먹고사는, 아니 기생하는 존재인 듯합니다. 제가 꿈꾸는 교육적 이상, 제가 생각하는 참된 기독교정신의 교육은 그저 하나의 이상일 뿐이고, 구호에 그치는 것인가 싶습니다.

중학교 3학년과 2학년 국어라는 주요과목을 가르치니 일정 부분 아이들 상급학교의 원활한 진학을 위해서 교과 진도도 나가고, 문제풀기 요령도 알려 줘야만 합니다. 그러니 공부하기 싫거나 자세불량 아이들에게 눈을 부라리며 야단을 쳐야 합니다. 그러고 나면 좀 더 신중하게, 따뜻하게 야단을 쳐도 되는데 하고 후회하며 자책하곤 합니다. 사실 이런 아이들은 부모님과 선생님들에게서 매일같이 야단맞음이 일상화된 듯합니다. 그러니 야단을 쳐도 그때뿐인 경우가 많습니다. 저 자신도 공부하기 싫고, 학교가 재미없는 아이들에게 공부, 공부해야 하니 참 처량합니다.

오늘 3학년 방과후 학교 2교시 국어시간에 곧이어 다가올 기말고사 대비를 위해 제가 만들어 준 국어보충교재를 준비하라고 일렀는데 준비한 학생이 절반도 안 되었습니다. 교재가 없으면 수업하기 여의치 않은 상황이니 제 마음이 좀 상했습니다. 그래도 야단하지 않고는 일단 둘씩 짝을 지어 같이 보라고 독려하였습니다. 그렇게 하느라고 귀한 시간을 좀 허비하였고 그래도 부득이 교재가 모자라 셋이서 봐야만 하는 아이들이 몇 되었습니다. 저는 제가 말로 좀 자세히 설명하면 되고, 이미 배운 걸 정리하는 것이니 그냥 진행하면 된다 싶어 진도를 나갔습니다. 그런데 한 아이가 자꾸만 옆 아이와 이야기를 하기에 몇 번 말로 주의를 주었지만 그때뿐이었습니다.

사실 오늘 하루 종일 날씨도 덥고, 기말고사 출제와 공문처리 등으로 마음이 분주했습니다. 거기다가 집에서도 일이 쌓여만 가고 개인적으로 글쓰기도 할 것이 몇 가지 숙제로 남아 있어서 마음이 평안치 못한 상황이었습니다. 급기야 저는 격분해서 다른 학생들이 보는 앞에서 그 아이를 야단치고는 매를 들었습니다. 한 대를 때리고는 바로 수업에 임하려는데, 아이 딴엔 매 맞은 게 억울하고 싫어서인지 소극적인 저항의 뜻으로 이내 책상에 엎어졌습니다. 이를 본 순간 저도 모르게 화가 나서 얼어나라고 하고는 일장 연설을 퍼부었습니다.

"네가 오늘 태도 불량이 아주 심함에도 한 대만 때린 것인데 엎어져 있으면 되겠냐?"

그랬더니 이 아이가 되레 눈을 부라리면서 차라리 나가겠다는 것이었습니다. 좀 어이가 없다 싶어 그냥 앉아서 공부해야 한다고 역설

(力說)하니 그래도 나가겠다고 하다가 제 허락 없이 나가 버렸습니다.

어처구니없는 상황이나 다른 아이들에게 방해가 되는 것 같아 마음 추스르고는 아이들에게 미안하다고 사과하고는 진도를 나갔습니다. 나머지 아이들도 말은 안 해서 그렇지, 마음 상했을 것입니다. 대부분의 아이들은 무더운 날씨에서도 힘들지만 열심히 공부해 온 건데 방해가 되었으니 참, 어찌어찌 진도를 수업 시간을 채웠지만 영~ 마음이 편치 않았습니다.

사과와 감사는 빠를수록 좋다고 생각하기에, 다시 한 번 아이들에게 제 감정 표출의 미숙함을 사과하고는 교무실로 내려왔습니다. 그러고는 창밖의 나무들을 보면서 명상에 잠겼습니다. 제 자신의 처지가 처량하기도 하고, 제가 잘 사는 건가 싶은 생각에 서글프기도 하고, 한없이 아이들에게 미안한 마음이 들어 교사로서 자질이 부족한 것 같은 자책감에 빠져들었습니다. 나이 마흔둘에 교직경력 10년이면서도 이 모양, 이 꼴인가 싶었습니다.

오늘 문제의 주인공인 아이가 꿈나무공부방을 하느라 남아 있었습니다. 창밖을 보니 그 아이가 자전거를 타고 자유롭게 운동장을 도는 게 그렇게 행복해 보이고, 자유로워 보였습니다. 순간 저는 더 미안한 마음이 들어 급하게 뛰쳐나가서는 아이를 불렀습니다. 자유를 만끽하던 아이는 저를 보자마자 일그러진 얼굴로 다가옵니다. 아마 제게 더 야단맞을 생각을 하는 것 같았습니다. 하여 웃음으로 맞이하였지만 아이는 제 웃음의 의미를 알지 못했을 것입니다. 이렇게 하여 못난 선생과 자유로운 삐딱이 아이는 마주 보게 되었습니다.

운동장 나무그늘에 앉아서는 사과를 하였습니다. 네가 잘못한 거 이전에 내가 마음이 편안치 못해서 화를 내고, 좀 지나쳤다고. 내가 나이 헛먹었는지 아직도 이 모양이라고. 명색이 목사이고 선생인데 이러니 정말 미안하다고. 이렇게 이야기를 펼쳐내니 이 아이가 좀 의아해 했습니다. 하기야 자신이 야단 맞을 줄 알고, 억지로 불려 왔으니 그럴 것이었습니다. 공간이 주는 장점인지요. 교무실이라는 좀 엄숙하고 무거운 곳이 아닌 운동장 한편의 나무그늘은 둘만의 공간으로 아늑했습니다.

오늘 든 생각입니다. 아이들을 야단칠 때도 때와 장소가 중요할 듯합니다. 아이들도 체면이 있고, 인권이 있습니다. 굳이 야단을 쳐야 한다면 다른 선생님이나 후배들, 친구들이 보지 않는 곳으로 데리고 가서 조용히 이야기하면 어떨까 싶습니다. 더욱이 이 아이는 교무실에 불려 오면 바로 자신이 존경하거나 좋아하는 다른 선생님이 보시니 입장도 난처할 것입니다.

아무튼 일단 야단 맞지 않게 된 것이 신이 난 것인지 제가 거꾸로 꼬리를 내리니 기가 살았음인지 그제야 웃으면서 한마디 던졌습니다.

"뭐~ 착한 제가 용서해 드리죠. 거~ 부부 싸움하고는 우리에게 화풀이하지 마세요. 목사가 그러면 예수님이 슬퍼하시잖아요."

참, 제가 기를 너무 살려 주었나 봅니다. 그래도 제가 낮아지기로 한 이상 그저 고마운 충고로 받고 고마움도 말로 표현하였습니다. 그러면서 이런저런 이야기를 나누게 되었습니다. 조금은 정제되지 않은 거친 표현으로 자신의 생각을 드러내는 데 놀랐습니다. 학교 다니는 게 싫고, 부모님의 지나친 성적 관심, 태도 불량으로 매일 선생님들에게 야단 맞음, 교회 가기 싫은데 억지로 가야 하는 것 등을 들어 보니 이 아이가 참 고생이다 싶었습니다. 뭐라 딱히 위로하고 격려할 말이 떠오르지 않았습니다. 그저 손잡아 주고 이해하려고 애를 쓸 뿐……

저는 왜 이렇게 적절한 때에 상담적인 대화를 못 하는지……

이 아이와 이야기를 나누다 보니 제가 너무 아이들을 모른다는 생각이 들었습니다. 그러면서 제 아이들이 자라서 학교생활 할 일도 떠올려 보았습니다. 제 아이들도 목사, 선생의 아이라는 부담으로 살아야 합니다. 둘째 겨레와 셋째 가람이는 입양아라는 사회적 편견과도 맞닥뜨려야만 합니다.

제가 방과후 학교를 마치고 집으로 돌아오려는데 사랑이가 전화를 해서 내일 어린이집 소풍을 가니까 오는 길에 자기가 먹고 싶은 음료수와 과자를 하나씩 사오라고 요청을 하였습니다. 집 근처 마트에 가면 있다고 꼭 잊지 말고 사 오라고요.

저는 참 딸의 말을 잘 듣습니다. 사랑하는 딸을 위해 바로 마트로 가서 과자와 음료수를 구입하고는 집으로 향했습니다. 그런데 문득 '오늘 월드컵 시청을 어떻게 하나?' 하는 생각이 미치니, 아찔했습니다. 집에는 TV가 없으니 생중계를 볼 수가 없습니다.

저는 집에 도착하자마자 사랑이에게 말했습니다. 그러니 월드컵 중계는 못 보는 것으로……

아, 그런데 이거 참~ 똑똑한 딸을 둔 것도 문제였습니다. 사랑이는 인터넷으로 찾으면 생중계를 볼 수 있을 것 같다고 해 보라는 것이었습니다. 여태껏 한 번도 그렇게 해 본 적이 없는데 사랑하는 딸이 원하니 한 번 해 보기로 하고 이리저리 찾아보았습니다. 아무리 해도 실시간 중계가 어려운 것 같아 그냥 포기하려는데 사랑이가 실망할까 싶어 좀 더 찾아보았습니다.

"뜻이 있는 곳에 길이 있다."는 말처럼 드디어 찾아냈습니다. 사랑이는 "우리 아빠 최고!"라고 추켜세워 줬습니다. 사랑이는 보면서

"대~한 민국"을 외치면서 박수를 치면서 열심히 응원을 하였습니다. 그 모습이 어찌나 귀여운지 이 아이가 제 딸임이 참 좋았습니다. 이렇게 딸과 함께 우리나라와 아르헨티나의 경기를 보았습니다. 사랑이의 열띤 응원에도 우리나라는 지고 말았습니다. 저는 축구를 보면서도 겨레랑 놀아 줘야만 했고, 가람이를 안아 주고 분유를 먹이고 기저귀를 갈아 줘야만 했습니다. 이런 제 삶이 분주하긴 해도 좋습니다. 제가 살아가는 의미가 바로 사랑하는 가족이 아닌가 싶습니다. 저를 사랑하고 저를 필요로 하는 가족이 참 좋습니다.

아비는 아이들에게 큰나무 그늘인가 봅니다. 저는 언제나 그 자리에서 말없는 사랑의 그늘이 되어 주고 싶습니다. 계절이 바뀌고 바람이 불어 잎이 지고 가지가 꺾여 나가도 그루터기로 남아 조용히 눈물 쏟으며 아이들을 위해 기도하렵니다. 아비의 지극한 사랑과 기도로 자란 아이들은 결코 거꾸러지지 않을 것입니다. 흔들리더라도 피는 들꽃이 되고, 풀이 될 것입니다.

아이들도 인권이 있어요

언젠가 아는 선생님으로부터 들은 이야기입니다. 어느 선생님이 이른바 문제 학생을 교무실에 끌고 오셔서는 무심코 던지신 폭언이 가슴 아프게 하였습니다. "넌 인간쓰레기야! 학교 그만두고 가라." 맘이 상했습니다. 아무리 말썽 부리는 아이라도 존중받을 인권이 있는데 좀 지나친 듯하였습니다. 더욱이 여러 선생님들이 다 보는 자리였습니다. 그런데 이를 보시던 어느 선생님의 말씀이 너무나 충격이었습니다.

"저런 놈들은 상담실로 끌고 가서 문 잠가 놓고 한 100대 죽도록 패면 사람 됩니다. 지난 20년 넘는 교직을 그렇게 해서 사람 만들었어요. 요즘 너무 학교가 아이들을 풀어 놓으니까 이 모양 이 꼴입니다."

이 이야기를 전해 들으면서 순간, 우두망찰하였습니다. 무슨 5공화국 시절 삼청교육대 이야기를 듣는 줄 알았습니다. 이런 분들이 생각하는 교육은 그냥 군대식으로 죽도록 패면 된다는 것입니다.

언젠가 동료 선생님에게 요즘 들어 절실하게 상담이 중요하다는 생각으로 말씀 드렸습니다. "학력 신장하려고 해 봐야 이미 우수한 아이들은 시내에 다니고 못 따라갑니다. 우리 학교는 다른 학교에 비해 가정환경도 어렵고, 상한 마음의 아이들이 많으니 더욱 상담이 활성화되어야 합니다. 이를 위해 가능하다면 선생님들이 상담 공부해야 합니다. 그래서 선생님 자신들이 자기 문제를 직시하고, 치유받고, 상담적인 마인드로 수업 시간과 생활지도에서 녹아나야 합니다."

이런 제 말에 그 선생님의 말씀은 막막한 벽 그 자체였습니다. "아닙니다. 상담해 봐야 그건 이상론일 뿐입니다. 상담으로는 아이들의 근본적인 환경이 해결 안 됩니다. 그리고 잘못하면 아이들을 사랑으로 인정하고 긍정하면 죄의식만 없어집니다. 그러면 상담 선생님은 천사가 되고, 학교에서 규율 잡는 학생부 선생님은 악마가 될 뿐입니다."

이토록 동료 간의 교육철학이 다른가 싶었습니다. 저보다 교육적 경륜이 고매하신 분들이고, 서로의 교육철학이 다름이 틀림이 아닌 이상 제가 뭐라고 이의를 제기하긴 어렵습니다. 더욱이 요즘 아이들의 문제가 더욱 심각한 지경에 이르기에 오죽하면 저렇게들 생각하시고 말씀하시나 싶기도 했습니다. 그러나 저는 아무리 생각해도 좀 지나친 것 같다는 생각에 가슴이 답답해져 왔습니다. 요즘 학교가 점점 이렇게 되어 가는 듯하여 안타까웠습니다.

그래도 아이들의 인권을 되새겨 보았습니다. 아무리 문제를 일으켜도 아이들은 아이들일 뿐이지, 성인의 축소판이 아니고 기성세대의 가치관을 그대로 답습하는 건 문제가 아닐까 싶습니다. 물론 기본생활습관과 사회화의 기능을 잘 수행하도록 가르칠 의무가 있습니다. 그러나 질서와 규정이란 것도 기본적인 인권의 토대 위에 성립해야 하는 것이 아닌가 싶습니다. 우리 기성세대가 생각하는 명령과 복종

규정과 준수라는 수직적인 사회 구조 속에서는 개별주체로서 인간의 존엄성은 시나브로 무시되고 그저 조직의 일원으로 하나의 부속물로 전락해 버리고 말 것입니다. 이런 사고의 틀에 젖어든 기성세대에겐 문제아로 낙인찍혀 버린 아이의 인권은 한낱 구태의연한 낡은 교과서에만 있는 그저 참고사항일 뿐인가 봅니다.

일단 한 개인의 존엄이 상실되고 조직의 부속물로 여겨지면 결국 하나의 숫자로 귀결되고 말 것입니다. 이렇게 되면 다정다감한 온정은 온 데 간 데 없고 냉정한 행정본위의 관료주의로 치닫게 될 것입니다. 이들에겐 대상에 대해 아무런 인간적인 연대감을 느끼지 못합니다. 이렇게 되면 인간적인 온정이란 그저 주어진 과업을 수행하고 정해진 의무를 다하는 것에 그치고 맙니다. 그러기에 이들에겐 개별주체로서 인간은 사랑과 공감의 연대적 대상으로 여겨지지 않습니다.

언젠가 어느 고등학교에서 한 학생이 아침 등교시간 5분을 지각했다는 이유로 교사로부터 200대의 매를 맞고 입원한 사실이 알려져 파문이 일었던 적이 있습니다. 그리고 얼마 전에도 모 고등학교의 어느 선생님이 옆 반 학생이 5분가량 지각하자 지휘봉으로 엉덩이를 200대 때렸다고, 함께 지각한 같은 반 아이도 100대를 때렸다고 합니다. 먼저 학생이 100대나 더 맞은 것은 학교 두발 규정을 어긴 머리카락이 길었기 때문이라고 합니다. 매를 맞은 학생들은 엉덩이가 시퍼렇게 멍이 들었을 뿐만 아니라 속옷이 피로 젖는 등 상처가 심한 것으로 전해졌습니다. 특히 한 학생은 매를 맞은 뒤에도 1시간 동안 서서 수업을 받다가 이 같은 사실을 뒤늦게 아신 담임선생님에 의해 병원으로 보내져 입원 치료를 받았다고 합니다.

이렇게 체벌한 교사가 학생을 미워해서 때리지는 않았을 것입니다.

그래도 배운 사람이고 사도의 길을 가는 사람의 양심상 맞아서 쓰러질 때까지 계속해서 수백 대를 때릴 수는 없었을 것 입니다. 보도에 의하면, 체벌을 가한 선생님도 고3 수험생들의 기강을 잡아 보려고 한 행동이라고 합니다. 그리고 참다 참다 도저히 안 되어 학교 규정을 지키고자 한 것이라고 합니다. 사건의 본말을 다 알지 못하고 저도 교직에 몸담는 이로서, 이에 대해 가타부타 말함이 조심스럽습니다. 다만 아이들 인권의 측면에서 생각해 볼 때, 과연 아이가 학교 규칙을 위반했다는 사실에 집중하고 그러한 규칙의 위반이 학교라는 만고불변의 조직의 근간을 무너뜨릴 수 있다는 생각이 정당한가 하는 생각을 해보았습니다. 한 사람의 개인보다는 조직과 규정이 중요하다는 생각이 '참되거라', '바르거라' 가르치는 선생에게 아이를 하나의 인권으로 존엄한 인간으로 바라보지 못하고 존귀한 조직의 파괴자로 규정하고, 만인이 보는 앞에서 잔인한 행동을 하도록 명분을 준 것 같습니다.

오늘 문득 서로가 자신과 다른 사람의 인격을 존중하면서 살면 서로를 존귀하게 여기는 건강한 사귐이 이루어질 것 같습니다. 아직도 우리 학교현장과 사회에서 상명하복(上命下服)의 수직적인 유교적 습성과 천박한 군사문화의 방식으로 자신보다 높은 위치에 있는 사람에게는 지나치게 복종하면서 인정받기 위해 무슨 일이든지 벌이려고 하면서 다른 사람, 특히 낮고 연약한 사람을 배려하고 이해하기보다는 아주 냉혹하게 자기중심적인 시각에서 철저히 잔인할 정도로 다른 사람의 인권을 유린하고 인격을 짓밟고 몰아세우는 사람들이 많습니다. 더욱이 윗사람으로부터 받은 모멸감을 해소하는 수단으로 자기보다 낮은 이들을 대하는 자세는 우리 사회의 미성숙한 모습의 한

단면을 보는 것 같아 더 안타깝습니다.

　지나치게 아이들에게 폭언을 일삼고, 잔인할 정도로 체벌을 가하는 선생님들을 비롯하여 개별 주체인 사람을 하나의 대등한 인격체로 보지 않고 하나의 수단으로 바라보는 수많은 부류들도 우리 사회의 병든 모습은 아닐까 생각해 보았습니다. 그러기에 어쩌면 문제아이들 이전에 문제 부모와 문제 학교 그리고 문제 사회가 우리의 아이들을 문제아로 배태하는 건 아닌가 싶습니다. 그렇다면 문제아에게 향한 폭언과 체벌의 방향을 재고해 보고, 그 방향을 돌이켜 봐야 하지 않을까 싶습니다.

글을 읽고 심사평과 칭찬 좀 해 주세요

　며칠 전 나름대로 열심히 써 본 학술지 투고 논문에서 그만 고배(苦杯)를 마시고야 말았습니다. 요즘은 이래저래 글쓰기에 몰입하면서 기회를 얻으면 가급적 도전하기에 글쓰기 실적에서 승패는 일상사가 된 듯합니다. 그러다 보니 잘됨의 기쁨과 희열이나 떨어짐의 서운함과 의기소침도 익숙해져야 하는데 아직도 그렇지 못하고는 떨리는 마음으로 발표날을 손꼽아 기다리곤 합니다. 발표날이 되면, 떨리는 눈으로 결과를 보고는 그에 따라 며칠 동안 천국과 지옥이 결정됩니다. 이제는 좀 무뎌질만도 한데, 기대감과 실망감이 여전합니다.

　글쓰기 분야가 참 다양합니다. 학술논문, 편지, 수기, 서평 쓰기나 독후감 등으로 글감의 종류나 갈래가 참 다양합니다. 이렇게 저렇게 도전하다 보니 목표에 대한 도전정신도 생겨서 좋습니다. 사실 제 글이 채택되어 수상의 기쁨과 상금 그리고 글이 실리면 참 좋습니다. 이와 달리 탈락하면 또 울적해집니다.

　그런데 좀 아쉬움은 승패보다 더 중요한 것에 대한 생각입니다. 글을 잘 쓰기에 쓰는 게 아닙니다. 제 부족함을 누구보다도 잘 알기에 꾸준히 배우고, 익히고, 쓰고 또 쓰는 것입니다. 제가 바라는 것은 좋은 결과이기도 하지만, 그것보다는 심사와 지적에 대한 것입니다. 제 글이 채택되어 영광을 누려도 이게 어떤 점에서 잘된 것인지 모르면, 우연히 제 글이 잘 나온 것일 수 있습니다. 제 실력이 잘 발휘되었고, 다음에도 그럴 것이라는 확신이 서질 않습니다. 안 된 경우도 아주 형편없어서 그런 건지, 좀 더 다듬고 정성껏 다듬으면 좋았을 것인지를 알 수가 없습니다. 바로 이런 점에서 영광스런 결과의 기쁨보다도 중요하게 여기는 것이 바로 심사와 지적입니다. 이런 이유로 가급적이면 심사하는 곳에 글을 투고합니다. 되건 안 되건 '왜?'를 알려 줌이 제 발전을 기할 수 있습니다. 학술지 논문은 대개 심사자를 익명으로 하여 3명의 전문가 평이 나옵니다. 그러니 '게재 확정'이면 좋지만 그렇지 않은 경우라도 3명의 심사평은 제 공부에 큰 도움이 됩니다. 심사평을 보면, 한두 가지를 지적하시는 경우도 있고, 꼼꼼히 살펴보고 조목조목 지적해 주는 경우도 있습니다. 이걸 받아 보면 부끄러움에 얼굴이 화끈거리지만 지적사항을 음미해 보면서 크게 배우곤 합니다.

제가 대학 다닐 때, 학기말 과제물을 내면 이것으로 성적을 받았습니다. 과제물 하나에 한 학기 동안의 성적이 결정되는 것이니만큼 나름대로 열심히 준비하여 제출했습니다. 그러고 나서 받아 보는 성적표에 일희일비(一喜一悲)하던 기억이 납니다. 늘 의문과 아쉬움이 남았습니다. 제가 제출한 과제물이 어떤 이유로 이런 점수가 나온 것인지 알 수 없었습니다. 대부분의 경우, 제가 제출한 과제물을 돌려받지도, 비평적 지적도 받아 본 적이 거의 없었습니다. 물론 학생 수가 많아서 그럴 수도 있지만 가급적이면 성적산출의 이유와 지적으로 잘

된 점과 아쉬운 점을 알려 주면 얼마나 좋을까요.

　얼마 전 대학 후배를 만나 이런 이야기를 하니, 지금도 과제물을 돌려 주거나 지적을 해 주는 경우가 없다고 합니다. 후배의 말에 "어떻게 이런 중요한 것에 문제의식을 안 느끼냐", "학생회는 이의제기 안 하냐", "교수평가에 이런 항목은 없냐"를 물었습니다. 마구 쏟아낸 제 말에 후배는 저와 같은 문제의식을 갖는 교수나 학생을 본 적이 없다고 합니다. 한 명의 후배 말을 일반화시키기는 뭐하지만 '이게 대학의 현실인가?' 하는 생각에 씁쓸한 마음에 어이없어했던 기억이 납니다. 사실 저는 대학 시절 조금 삐딱함으로 교수님들에게 제 과제물을 돌려 주시고, 지적해 달라고 요구하여 받아낸 경우가 많았습니다. 무례하지 않게 그저 제 공부에 도움을 받고자 한다는 말에 쾌히 해 주시던 교수님들이 생각납니다.

　이제 저도 아이들을 평가하고, 성적을 내는 이로서 제 경우를 되짚어 보고, 자신을 다잡아 보았습니다. 저는 가급적 아이들의 글에 제 의견을 적어서 돌려주거나, 제 카페를 통해 아이들의 글과 평을 공개합니다. 그래야 아이들이 발전하고 제 의견에 찬동하거나 불만을 표시할 수가 있습니다. 사실 이 작업이 무척 지난한 작업임을 잘 압니다. 제가 가르치는 아이들은 아직 우리말의 기본적인 맞춤법, 띄어쓰기, 문단 나누기는 물론, 자기 생각을 글로 표현하는 기본적인 글쓰기를 못 하는 경우도 많습니다. 몇 년 전까지는 이를 다 지적해 주었는데 요즘은 도저히 감당이 안 되어 하나의 꾀를 냈습니다. 글을 못 쓰는데 억지로 쓰라고 하는 것도 못 할 일인 것 같기에 요즘은 시간을 좀 내서 글쓰기의 기본을 가르치고 나서 아이들 글 중에서 잘된 것을 하나의 예로 제시합니다. 그리고 나서 아이들에게 글을 쓰게 하면 제가 조목조목 지적할 거리가 좀 적어집니다.

　제가 중요하게 생각한 것이 바로 '먼저 칭찬하기'입니다. 제가 학술지 논문 투고하고 받아 보는 심사평을 보면, 첫 문장부터 냉정하게 지적하는 경우가 많습니다. 이런 심사평에 감사한 마음으로 지적사항을 챙기지만 아무래도 쓴소리를 접하고 나니 기분이 좋지 못합니다. 그런데 아주 냉정한 지적을 받더라도 마음 상하지 않곤 하는 경우가 있습니다. 이런 경우는 지적 이전에 제 글에 대한 칭찬과 강점을 따뜻한 시선에서 일러 주면서 이를 잘 살려보라고 하고 나서 몇 가지 보완을 하면 아주 좋을 것 같다고 하면서 지적을 하는 경우입니다. 이런 심사평을 받을 때, 제 마음이 평온하면서도 자극이 되곤 하였고, 더 마음 깊이 와닿기에 저도 아이들 글을 심사하거나 채점하면서 꼭 이를 유념하곤 합니다.

　아무리 글이 엉망이라고 해도 칭찬하려고 작정하고 보면 칭찬거리가 눈에 띕니다. 이렇게 하다 보면 칭찬거리 찾는 실력이 쌓이듯, 좀 나아지는 것 같습니다. 심사평이나 채점하는 글도 하나의 글쓰기요, 교육입니다.

　따뜻한 시선으로 아직 제대로 영글지 못한 것이지만, 가능성을 보고 칭찬하는 훈훈한 정으로 도움이 될 만한 지적을 해 주면 좋겠습니다. 제가 아이들에게 나름대로 정리해서 가르치는 좋은 독후감 쓰기 내용을 간략히 정리해 봅니다. 처음에 잘 가르쳐 두면 같은 것을 두 번 세 번 지루하게 반복하는 수고는 안 해도 됩니다.

책 읽기의 즐거움, 그 달콤함의 여유

  책 읽기의 즐거움과 유익은 누구나 잘 알고 있습니다. 그러나 우리 나라 사람들의 1인당 독서량은 한 달에 한 권도 안 된다는 것은 이미 알려진 사실입니다. 그런 점에서 우리 학교에서 진행하는 매일 15분 독서와 같이, 꾸준히 책을 읽는 습관을 길러 나가는 것이 중요합니다. 아울러 읽은 후에 주요 내용을 메모하거나 느낀 점을 적어 보는 것이 좋습니다. 또한 수시로 열리는 독후감 공모전과 같은 목표를 두고 글을 써 보는 것도 좋습니다. 이런 대회에서 수상하면 좋고, 그렇지 못하면 수상작을 보고 자신의 것과 비교해 보면서 좋은 독후감 쓰기를 알아 갈 수 있습니다. 독후감을 잘 쓰게 되면, 논술과 백일장 쓰기도 수월하게 됩니다. 책을 꼼꼼히 읽고 자신의 입장에서의 느낌을 차분히 적어 나가는 독후감 쓰기를 생활화 해야 합니다.

  먼저 잘못된 독후감 쓰기의 경우입니다. 읽은 책에 대한 요약정리가 대부분이고 글을 끝맺기 전에 짧게 자신의 느낌과 다짐을 씁니다. 이건 그야말로 초등학생의 줄거리 요약의 방식으로 독후감 쓰기라고 볼 수 없습니다. 이런 글쓰기는 책을 충실하게 읽었음을 증명하는 것

이상의 의미가 없습니다.

우리가 독서를 하는 기본적인 이유는 책이 담고 있는 내용을 나름대로 이해하고 자기화하여 스스로의 삶에 일정한 도움을 주려는 것입니다. 책이 우리의 삶에 어떤 도움을 줄 것인지는 그것이 지닌 내용에 따라, 그리고 읽는 사람의 입장과 책 읽기의 색깔과 생활환경 등에 따라 각기 다르겠지만, 읽는 양에 따라 그리고 자기화하는 능력에 따라 스스로의 삶을 윤택하게 하고, 생각의 폭을 넓혀 주는 구실을 합니다. 그렇기 때문에 책을 읽을 때 가장 주의를 기울여야 할 것은 우선 그것이 가진 내용을 정확하게 이해하는 것이고, 다음으로는 책의 내용을 자기화하여 자신의 삶에 적용할 수 있도록 하는 일입니다. 대상으로 삼은 책이 어떤 것이든 간에 그것을 읽은 후에 이런 정도로 정리할 수만 있다면 그것은 매우 성공적인 독서라고 할 수 있을 것이며, 독후감을 쓰는 데 있어서도 자기화된 정확한 주제를 일관성 있게 정리하여 표현할 수 있게 될 것입니다.

학교에서 독후감 과제검사를 해 보면, 책의 주제와 논점을 정확하게 잡지 못한 상태에서 글을 써 나가는 경우가 많은데 이런 경우가 바로 읽은 책을 자기화하여 스스로의 삶 속에서 새로운 것으로 재생산해 내는 능력이 부족했던 탓이 아닌가 생각됩니다. 그러다 보니 어떤 독후감은 자신이 알고 있는 배경지식이나 생각을 지루하게 늘어놓는가 하면, 또 지극히 당연하고 일반적인 내용을 광범위하게 서술함으로써 구체성을 잃게 되어 글의 설득력을 떨어뜨리는 것들도 적지 않았습니다. 또한 어떤 글은 책의 내용을 요약 정리하는 정도로 서술하면서 자신의 생각을 거의 표현해 내지 못했는데, 이런 것들은 창조물로서의 독후감이 가져야 하는 읽는 이를 감동시키는 설득력을 가지기 어렵다는 점에서 좋은 글이라고 보기는 어렵습니다.

아쉬운 글쓰기로는 책에 대한 참으로 훌륭하고 깔끔한 해설로 생각되는 글들이 있었지만 책에서 삶으로 한 발짝도 내딛지를 못한 것들이 있었습니다. 그런가 하면 책보다는 자기 이야기에 집중하다 보니, 책의 내용과 연결하는 자기 체험과 주제를 일반화시키지 못하는 글도 있었습니다.

독후감은 객관적 사실을 규명하는 학술 논문이나 주관적인 주장으로 상대방을 설득해 나가는 논설과 다릅니다. 그러기에 자신이 정립해 놓은 이론적 틀을 일관되게 적용하여 책의 내용을 완벽하게 드러내야 하는 부담에서 자유롭습니다. 그렇지만 일단 응모를 위하여, 평가받는 독후감에는 몇 가지 유의할 점들이 있습니다. 우선은 올바른 문장과 표현을 문맥에 어긋나지 않게 자연스럽게 활용하는 것이 필요합니다. 아쉽게도 많은 수의 독후감이 문장의 완결성이나 표현의 적절성, 문단 구성의 논리성 등이 부족합니다. 자기 혼자만의 글이 아니라 새로운 독자를 겨냥한 글이라면 이 점에 유의해야 합니다. 더욱이 글씨를 못 알아볼 정도로 한 것은 채점자에게 예의가 아닙니다.

다음으로 자신이 쌓아 놓은 배경 지식의 깊이를 독후감을 통해 드러내는 것을 나무랄 수는 없지만 독후감을 읽어 내려가는 독자를 고려하여 친절하게 서술하는 태도를 가지는 것도 중요합니다. 독후감은 대상으로 삼은 책의 핵심적 내용과 의미를 정확하게 전달해야 하는 요건도 갖추어야 합니다. 책의 내용을 필요한 부분에서 요약·인용하거나 자연스럽게 관련 내용을 글 속에 녹여 제시함으로써 책에 관한 정보를 적절하게 전달해야 하는데 이러한 균형 감각이 미흡한 경우도 많습니다. 이는 지나치게 책 내용을 소개한다든지, 장황하게 글쓴

이 자신의 사는 이야기를 늘어놓는 문제와도 같습니다. 또한 비판적인 생각에서 책 내용에 접근할 때, 해당 부분을 구체적으로 제시함으로써 비판적인 생각이 객관적이고 타당함을 제시해야 설득력을 가짐도 잊지 말아야 합니다.

"책은 작은 세상, 세상은 큰 책"이라는 말이 있습니다. 우리가 사는 세상을 제대로 보고 잘 살아가는 것은 책을 읽고 깨닫는 일만큼이나 중요하고, 또 책을 통해 간접적으로 얻은 지혜와 경험은 세상을 잘 읽어 내게 도와준다는 말입니다. 그렇다고 책만 보고 세상을 다 아는 것으로 여기거나, 또 세상을 다 안다고 책 속에 들어 있는 다른 삶의 지혜를 무시해서도 안 될 일입니다. 수많은 정보와 다양한 가치, 혼돈과 자유가 '나'를 옭죄고 흔들어 놓은 이런 세상에서는 더욱더 그렇습니다.

독후감은 글쓰기의 하나이지만, 혼자만의 독백체 글쓰기가 아니라 책을 쓴 이와 독후감을 읽는 이가 진지하게 대화하는 것임을 잊지 말아야 합니다. 독후감 쓰기는 그 자체가 읽는 이와 만나고, 대화하는 소통의 과정입니다. 책 읽기를 통해 독자가 얻는 감동과 교훈은 사람마다 다릅니다. 그러니 읽는 이의 가치관, 세계관, 인생관과 사고의 깊이 등에 의해 각각의 책에서 길어 올리는 감동과 교훈의 정도가 다릅니다. 자신이 읽은 책을 충분히 이해하는 것은 기본으로 하고, 이에 자신의 경험과 생각과 느낌을 더해 나가면서 감동적으로 만들어야 합니다. 또한 우리말 실력이 튼실하게 받쳐 주는 글쓰기로 맞춤법, 띄어쓰기, 문단 나누기, 적절한 문장력을 함께 선보여야 독후감을 읽는 이에게도 즐거움을 더해 줄 것입니다. 정확하고 분명한 문장의 힘과 설득력 있는 글의 짜임, 여기에 독창적인 문체까지 갖춘 글을 써 나가야 합니다.

오늘도 새벽이슬같이 학교에 왔습니다

　요즘 저는 이른 아침에 출근을 합니다. 규정된 출근 시간은 아침 9시지만 보통 8시 30분 즈음엔 출근을 합니다. 그런데 저는 요즘 6시 30분에서 7시 정도에 출근을 합니다. 저에게 그렇게 하라고 시킨 사람이 아무도 없는데 그냥 그러고 싶어졌습니다. 저도 왜 그런지 모르지만 그냥 학교에 일찍 오고 싶습니다. 일찍 와서 세콤도 해제하고 문도 활짝 열어서 오는 이들을 맞이합니다.

　오늘도 제일 먼저 온 아이가 인사를 합니다. "어! 선생님, 또 일찍 나오셨네요. 좋은 아침 안뇽~" 슬쩍 농을 건네며 반갑게 인사하는 아이의 해맑은 얼굴에서 문득 정겨움에 안아 주고 싶어서 와락 안아 주었습니다. 갑작스런 제 행동에 아이는 해맑게 웃으면서 저도 절 꼭 안아 주었습니다. 그러면서 "승진 오빠, 싸랑해요. 홧팅!"이랍니다. 저도 안아 줌을 풀면서 인사말을 날렸습니다. "그래, 잘~ 먹고~ 잘 살아! 잘 싸고……. 이거 욕 아니고 복 받으란 거야. 알지." 그랬더니 빙그레 웃으면서 또 한 방을 제게 날리고 혀를 내밀고는 웃으면서 갔습니다. "샘도요. 대빵 마니마니요. 진짜로요. 팍팍~~"

상쾌한 아침, 이렇게 시작함도 행복인 듯합니다. 어느 땐 아이들과 격의 없이 지냄이 목사이고 선생인 제가 좀 경망스럽게 보일지 모르나 저는 그냥 이게 좋습니다. 아이들을 대함이 제가 목사라는 거, 선생이라는 거, 나이가 두 배 하고도 절반은 더 많다는 거, 수업 시간에 떠드는 아이 얼굴 붉히면서 야단쳐야 한다는 거, 이런 거 저런 거 다 생각하면 머리 아프고 복잡하여 싫습니다. 저는 그냥 이렇게 사는 게 편합니다. 옷도 대충 입습니다. 언젠가 신입생 아이는 제가 목사나 선생인 줄 모르고 그냥 학교에서 일하는 사람인 줄 알았답니다. 제가 하도 대충 옷 입고 격식을 안 따지고 사니까 그렇게 보였나 봅니다. 이런 저로 인해 목사님들과 선생님들의 권위와 위상이 깎일지 모르지만 그래도 전 이렇게 살다가 죽으렵니다. 억지로 그런 거 의식하느니 지금 이대로가 좋습니다.

성경에서 제가 제일 좋아하는 말씀입니다. "이제부터는 너희를 종이라 하지 아니하리니 종은 주인이 하는 것을 알지 못함이라. 너희를 친구라 하였노니 내가 내 아버지께 들은 것을 다 너희에게 알게 하였음이라."(요한복음 15장 15절) 세상에 이런 분이 또 어디 있을까요? 위대한 선생이신 예수님이 제자들에게 하시는 말씀이 선생과 제자의 분명한 수직적 사귐이 아니라 수평적 사귐으로 나아가는 친구로 말씀하십니다. 그것도 비밀 하나 없이 투명하게 다 보여 주는 고운 사귐의 친구로 말입니다. 하기야 예수님이 바로 이런 분이십니다. "그는 근본 하나님의 본체시나 하나님과 동등됨을 취할 것으로 여기지 아니하시고 오히려 자기를 비워 종의 형체를 가지사 사람들과 같이 되셨고 사람의 모양으로 나타나사 자기를 낮추시고 죽기까지 복종하셨으니 곧 십자가에 죽으심이라"(빌립보서 2장 6~8절)

아전인수(我田引水) 격인지 모르나 제가 믿고 따르는 예수님의 모습은 이렇습니다. 그래서 저는 성당이나 교회당에서 휘황찬란하게 빛나게 치장하신 멋진 외모의 예수님 모습은 그다지 가슴에 와닿지 않습니다. 언젠가 본 초췌한 외모와 거지꼴로 잃어버린 양 한 마리를 찾아다니시는 거지꼴이신 예수님 모습이 제 가슴을 사로잡았습니다. 저도 그렇게 살고 싶습니다. 어제는 1학년 아이가 장난스럽게 제 어깨를 두드리면서 제 엉덩이를 토닥여 주었습니다. 참~, 나~ 그런데도 저는 기분 나쁘지 않았습니다. 제가 비정상인가 봅니다.

이유는 모르나 요즘 아이들이 참 좋아졌습니다. 하기야 아이들로 인해 저와 제 가족이 먹고삽니다. 그러니 아이들이 고맙고 그 은혜에 감사하며 살아야 할 것 같습니다. 그러고 보니 5월엔 어버이의 날, 스승의 날은 있는데 아이들의 날은 없습니다. 아마 우리 어른들이 강자이다 보니 이런 날은 만들어서 은혜를 되새기라고 선물 달라고 요구하는 듯합니다. 좀 억지스럽다는 생각도 듭니다.

문득 저의 삶이 어버이로, 스승으로 잘 사는 건지 생각해 보았습니다. 제가 학교에서 아이들과 함께 놀면서 산 지 어언 10년입니다. 서당개 3년이면 풍월을 읊는다고 하고, 한 가지 일을 10년 하면 어느 정도 경지에 이르고 도사가 된다고 하는데 저는 영~ 아닌 듯합니다. 매년 같은 교과서로 수 년째 가르치는데도 여전히 헤매곤합니다. 제 감정조절도 못 해서 가끔 아이들에게 버럭 화를 내기도 하고, 상한 마음이 얼굴에 빤히 드러나서 아이들이 제 눈치를 보게 합니다. 상담도 제대로 못 해서 고민 끝에 찾아온 아이에게 삶의 위로와 방향도 일깨워 주지 못하곤 합니다. 이럴 땐 아이들에게 얼마나 미안한지 모릅니다. '내가 아닌 더 좋은 목사나 선생을 만났더라면…….' 제가 더 좋은 분을 만날 기회를 빼앗은 건 아닌가 싶은 생각도 들곤 합니다. 그러나 아이들을 위해 학교를 그만두고 떠나려 함은 아닙니다. 부족하지만 조금씩이라도 저의 사람됨을 가다듬고, 더 준비하고 공부해서 더 나은 모습으로 아이들을 만나고 싶습니다.

잘하는 게 없으니 학교에 일찍 와서 아이들을 위해 기도하고 나서 일찍 오는 아이들을 웃음으로 맞이해 보려는 것입니다. 며칠 전부터는 가끔씩 사탕 하나라도 주면서 사랑을 나누고 싶은 마음으로 구입하여 오고 가는 아이들에게 하나씩 건네며 복을 빌어 주는 인사를 나누곤 합니다. 그러고 나면 제 마음이 조금씩 맑아지는 듯하여 좋습니다. 오늘도 제가 사랑하는 아이들의 모습을 보는 즐거움에 새벽이슬같이 학교에 왔습니다.

일등이 아닌 함께하는 사람교육을 꿈꾸며

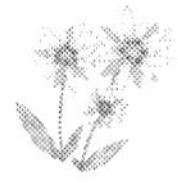

일기형식으로 제 삶을 들여다 보니 시나브로 욕심이 생겼습니다. 글이 조금씩 나아지는 듯했습니다. 제 삶의 하나하나가 깊게 보이고, 점검도 되고, 정리도 되면서 저 자신을 바라보곤 합니다. 그런데 문득 주객이 전도되는 것 같은 때도 있습니다. 제가 글을 쓰려고 아이들을 사랑하는 것 같은 느낌이 들곤 합니다. 그래야 제가 글 쓸 거리를 잘 찾으니까요. 이건 좀 아닌듯 싶습니다.

아무튼 저는 글을 마구 쓰렵니다. 아이들 이야기도, 제 이야기도……. 그저 마음 가는 대로 쓰렵니다. 그저 묵묵히 제 자리를 지켜 나가면서 글을 쓰면서 살고 싶습니다. 사랑이라는 걸 한마디로 규정 짓기는 어렵습니다만 그저 주어진 사람의 조건과 사귐에 정성을 기울이면 될 것 같습니다. 때로 사랑함은 몸으로 어우러짐이 없이도 어렵지 않고 그 깊이가 초라하지 않은 것 같습니다.

요즘 그 누구보다도 저 자신을 사랑하면서 지냅니다. 진짜로 제 자신과 연애하는 중입니다. 그렇게 되면서 아내와도 이전보다 잘 지내게 되었습니다. 제가 가르치는 국어와 종교과목이 좋습니다. 이에는 사람 사는 이야기가 많아서 좋습니다. 그래서 문학, 예술, 종교 이런 것이 참 좋습니다. 그놈의 성적, 학력신장이란 게 저를 우울하게 하지만요. 저는 시 한 편만으로도 열 시간도 가르치고 싶습니다. 가르친다기보다 아이들하고 그냥 삶을 이야기하고 싶습니다. 때로는 닫힌 교실을 떠나 운동장 한편의 나무 그늘 아래서 아이들과 이야기하고 싶습니다. 올해는 3학년 국어를 가르치니 재미가 덜한 편입니다. 내년부턴 가급적 1학년 국어를 맡아서 영화도 보고, 드라마도 보는 여유를 가져 보렵니다.

수업 중간이나 마칠 때 즈음 아이들에게 영화, 드라마, 국악, 클래식, 기독교 음악 등을 접하게끔 합니다. 공부만 좋아하는 아이들은 싫어하겠지만요. 교원능력평가에서 꼴찌 하려나요? 사실 오늘의 극심한 경쟁사회에서는 우리 학교 아이들이 이른바 용 되긴 어려운 세상입니다. 우리 아이들이 오롯이 맑고 환한 제정신으로 살아가면 그게 행복이고, 성공이라고 봅니다. 특수목적 고등학교에 들어가서 현수막에 이름 나오는 것만이 잘하는 교육은 아닌 것 같습니다.

어려워진 교육, 그러기에 더욱 이 길을 갈래요

학교를 섬긴 지 어언 10년입니다. 그동안 이런저런 일로 마음의 병도 생기고, 몸도 좀 아픈 지경에 이르렀습니다. 몸이 아파 힘들어하기도 하고, 제 정체성의 혼란도 느끼고, 자책감에 잠 못 들기도 했습니다. 해를 거듭할수록 하는 일에 열정이 생기고, 익숙하여 전문성을 더해 가야 하는데 요즘은 아이들과 교직원 대하기도 더 어려워졌습니다. 지난 10년간 아이들의 가정과 경제여건은 더 어려워졌습니다.

지난 10년간 시설은 좋아졌지만 전교생이 228명에 전 교직원이 21명이었는데 지금은 아이들이 147명에 전 교직원이 18명입니다. 제가 다닌 중학교는 한 반에 55명 정도로 한 학년이 총 20개 반으로 전체 60학급이었습니다. 그러니 전교생이 수백 명이고, 교직원 수도 100여 명이 넘었던 기억이 납니다. 그에 비해 우리 학교는 작은 학교입니다. 그런데 동교 선생님들 말씀으로는 우리 학교가 그래도 큰 학교에 속한다고 합니다. 다른 농촌 학교는 한 학년이 한 반이고, 학급당 10명도 안 되는 경우가 있어 전교생이 20명도 안 되는 경우가 있다고 합니다. 변두리지만 서울 출신이라 그런지 이런 농촌 현실을 잘 몰랐습니다. '아! 우리 학교가 그래도 큰 학교이구나!' 하는 생각을 하였는데 10년이 지난 지금 우리 학교는 전교생 147명에 전 교직원 18명입니다. 이렇게 줄은 것이 제 탓은 아니나 좀 씁쓸합니다. 그에 따라 교사의 숫자가 적어 여러 과목을 가르쳐야 하는 어려움도 있습니다.

그런데 10년이 지난 지금 보니, 아이들 교육하기가 매우 어려워졌습니다. 아이들의 가정환경과 경제여건이 점점 더 열악해지고 그에 따라 아이들의 성품도 더욱 천진, 난폭해지는 것을 봅니다.

이렇게 저렇게 찢기고 상한 마음의 아이들을 위해 잘 가르치며 상담해야 하는데 그렇지 못한 것만 같아 자책감만 쌓여 갑니다. 물론 제가 담임도 아니고, 부모도 아니기에, 더욱이 근본적인 교육은 학교만 감당할 수 없음을 떠올려 보면서 스스로 위안을 삼고 자기 합리화를 해 보지만 그래도 저 자신의 마음 씀과 능력의 부족을 체감하곤 합니다. 더 깊이 아이들을 사랑하고, 더 많이 위로하고 기도해야 하는데, 사실 부끄럽게도 제 일이 바빠 아이들이 뒷전인 때가 많습니다. 학교 업무와 교과 연구에 분주함은 그렇다 치고 제 공부와 가정 일과 제 마음 다스리는 일에 분주하다 보니 아이들에게 내어 줄 마음 한구석의 여유조차 없나 봅니다. 늘 푸른 꿈나무들을 위해, 힘찬 생명의 에너지와 사랑의 나눔을 쏟아야 하는데 주어진 과업과 개인적인 일상에 치여 몰입하지 못하곤 합니다. 제가 목사와 선생으로 아이들에게 다가갈 일정한 영향력도 있으니 미안한 마음을 떨쳐버리고 아이들과 한데 어우러지는 삶을 다짐해 봅니다. 이 일을 위해 제가 덜 유명해지고, 덜 공부하고, 덜 글 쓰면서 오늘 하루 아이들과 함께한 시간과 정성에 기뻐하며 사는 것도 기쁨일 것 같습니다.

진정한 선생의 모습을 생각해 봐요

이 글은 조금은 덤벙대고, 서툰 삶으로 아이들과 함께하는 샘에게 보낸 글샘입니다. 진정한 선생의 모습에 대해 깊이 생각해 보았습니다. 편하게 적어 보낸 편지이다 보니 아주 경어체로 하지 않고, 친근함을 겸비한 상대 높임의 문체를 썼습니다.

아이들이 샘을 좋아하는 이유가 뭔 줄 아세요? 음~ 수업을 잘하셔서요? 뛰어난 실력을 갖추셨기 때문에요? 이른바 공부 잘하는 사람들이 나온다는 바로 그 대학 출신이시라서요? 정답은 모두 아니에요. 그런 거 아니에요.

아이들이 샘을 좋아하는 이유는 다른 데 있어요. 진실해 보인대요. 귀엽대요. 뭐든 하시는 게 어쩌면 그렇게 서툴고 엉성하시대요. 좀 바보 같으시고 약해 보이신대요. 그래서 좋대요. 좀 도와드리고 싶대요. 아이들이 우리 생각과는 참 다르죠.

샘은 얕잡아 보이지 않으려고 욕(?)도 좀 하시고, 매도 드신다고 하셨지요. 제가 보기엔 이건 샘에게 어울리지도 않아요. 어색 충만, 엉성함 만땅이지요. 그러실수록 어설프게 화장 아니 분장 아니 위장 아니 가면을 쓰시려는 듯해요. 물론 부득이 필요에 따라선 그럴 수도 있어요. 그러나 잊지 말아야 할 것은 선생으로서 더 중요한 건 진심 어린 눈빛과 감싸 안는 마음의 나눔 같아요. 때로는 수업 시간에 정해진 진도를 맞추기 위해 아이들의 기선 제압을 해야 하지만 더 중요한 건 아이들과 마음을 나눔이지 않나 싶어요. 동료 간에도 유능한 일꾼으로만이 아닌, 겸손과 개방으로 고운 사귐을 갖고요. 사람은 다 외롭고 상처투성이지요. 그래서 자기를 포상하려고 하나 봐요. 권위를 내세우려고도 하고요.

이에 대해 좀 삐딱한 생각을 해 봅니다. 그냥 무시당하면서 살면 어떨까 싶어요. 뭐, 아이들 스트레스 해소용으로 교사가 욕먹으면 어때요. '군사부일체'라는 말처럼 선생의 권위가 아버지와 나라와 같다는 게 지나쳐서 권위적인 이미지로 오버랩되면 좋은 건가요? 전 좀 선생이 부족한 듯 보이는 것도 나을 것 같아요. 아이들이 저를 잘 놀려요. 제 이름, 제 행동거지를 어쩜 그렇게 잘도 놀려대는 지요. 그러면 좀 어때요. 제가 좀 망가지면 되는 것을요. 선생의 권위가 뭐 대단하다고요.

몇 년 전 이른바 공부 잘하는 아이의 일이 생각납니다. 어느 선생님께 교과 지식을 질문하였는데 그분이 갑작스런 질문이라 당황하셨거나, 좀 모르셨나 봐요. 그래서 그러셨는지 아이에게 마구 화를 내시면서 "이건 중학교 과정 이상"이라고 하시면서, "날 시험하냐? 너 잘났다"고 하시더래요. 그 후로 이 아이는 그 선생님의 수업 시간에 눈치껏 딴 짓을 하였대요. 그런데요. 저는 기억 안 나는데 제 답변은 달랐다고 해요. 더욱이 수업 시간이라는 공개적인 자리인데도요. "미안하다. 나 모르는데…… 미안하지만 다음에 알아볼게. 요다음 쉬는 시간에 찾아올래. 질문 고맙다. 내가 좀 그래. 그러니 학원 선생님들 존경하고, 참고서를 찾아봐라. 나보다 더 좋은 선생님을 만나야 하는데 미안하다. 나도 공부 중이야. 선생님이라고 다 아는 건 아니야. 고마워. 좋은 질문과 좋은 학생 만나서 나도 공부하게 되니까 참 좋다. 언제든지 질문해 줘.” 이 아이가 한 말이에요. 자신은 솔직히 우리 학교 선생님들 실력에 대해서는 의문이래요. 더러는 무시한대요. 참~ 나 ~ 저도 실력 없다네요.^^

참, 그런데 고마운 건지요? 저는 무시하진 않는대요. 그 이유가 바로 저는 모르는 걸 인정할 줄 알기 때문이래요. 그래서 저에겐 질문한대요. 당장 모르는 경우, 진짜로 찾아보고 알려 준대요. 사실 실제로 저는 학과 동기나 선후배 선생님이나 졸업한 지 10년이 지났지만 교수님들께 문의 드려요.

샘~. ‘내가 선생인데……’ 하는 생각으로 아이들에게 권위를 내세워 기선 제압하려는 거 정말이지 최선은 아니신 듯해요. 좀 자신이 망가지더라도 낮추고, 샘의 그 모습 그대로 꾸밈없이 솔직 담백하게 대하심이 더 좋을 것 같아요. 아이들을 보이는 눈이 아닌, 따뜻한 가슴으로 이해하고 보세요. 혹시요. 어떤 아이가 샘에게 욕을 해도요. 그게 본심이 아닌 순간의 격정에 의한 것일 수도 있고, 상한 마음의 쓴 뿌리가 표출된 상처임을 생각하시면요, 감히 선생님에게 대드는 막돼먹은 놈으로 생각하지 않게 되지요. 그게 상처의 표현으로 ‘선생님, 저요, 사랑받고 싶어요’ 하는 사인임을 알면요.

우리 선생들이 좀 착각하는 것 같아요. 아이들이 바라는 선생의 모습은 실력 있는 선생이 아니에요. 사실 이건 학원과 같은 사교육을 못 따라가요. 아마 소수의 아이들은 그럴지도 모르지요. 그러나 다수의 아이들이 바라는 선생의 모습은 달라요. 차별 안 하는 선생님, 자기를 알아 주는 선생님을 최고로 봐요. 그러니 좋은 선생은 실력이 아니라, 상담 잘하는 선생님일 거예요. 저는 선생님들은 누구나 상담 공부를 하면 좋을 것 같아요. 전공 교과 상관없이 누구나요. 모든 문제는 우리 선생들에게서 시작되고 해결되지요. 아이들이 아니고요.

　우리 각자가 마음을 열면 모두가 친구가 되지요. 동료들도, 아이들도요. 아이들은 선생님이 좀 널렁대서 좋대요. 친근하게 느껴진대요. 하기야 우리도 그렇잖아요. 옷차림이나 식사도 대충 드시는 엄마가 따뜻하고 친근하게 느껴지지요. 엄숙한 사람, 완벽한 사람은 완고한 아버지 같잖아요. 머리 좋은 것보다 마음 좋은 게 낫지요. 교과수업 시간의 우수함보다 개별 아이 한 명을 만나서 이야기하는 대화 시간이 더 많은 선생님이 좋은 선생님 같아요. 아닌가요? 사실 저도 이 시간이 너무 적어요. 문득 생각해 보니 하루에 30분도 안 돼요. 세상에…… . 저는 수업만 잘하면 되는 학원 선생님이 아닌데요. 업무만 잘하면 되는 교육행정직도 아닌데요. 오늘 문득 샘을 통해 진정한 선생의 모습에 대해 생각해 봅니다. 그냥요. 샘의 장점을 고치려고 어울리지 않는 모습 하지 마셔요. 아이들과 제가 보기엔 샘의 그 모습이 가장 큰 강점이세요. 그 누구와도 다르고 가장 잘하실 수 있는 모습이요. 바로 꾸밈없는 자연스러움이지요.

나무를 심고 사랑하며 가꾸시는 한승진 선생님께

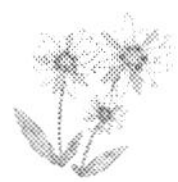

　　중학교를 마치고 고등학교를 다니면서 어느덧 2년이 흘렀습니다. 이렇게 시간이 흐르다 보니 중학교 시절을 그리워하며 생각에 잠기게 되었습니다. 그런데 담임선생님들보다도 선생님이 가장 기억에 남는 이유는 무엇일까요? 그 당시에는 몰랐습니다. 선생님이 제 생의 진정한 스승님들 중 으뜸이었다는 것을……

　　선생님을 향한 그리움과 존경심으로 시 하나를 바치겠습니다.

　　비바람 치던 어느 날,

　　바람에 꺾여 떨어진 나무삭정이가 있었습니다.
　　나무를 사랑하던 이에게 고이 안겨 와서 그의 뜰에 놓이니
　　그이의 아리따운 딸은 나무삭정이에다 온 정성으로 숨결 같은
　　물을 주며 꿈을 주었습니다.

　　어느 봄날,

　　지치고 거친 나무삭정이에서 움이 돋아났습니다.

저는 세상을 살아오면서 한 번쯤은 그 귀한 장면에
감동의 눈물을 흘린 적이 있습니다.

그러고 보오니,

저는 지금 그 나무삭정이같이 꿈같은 정원에 모두를 모여 있고요
그 아리따운 아가씨의 손길 앞에 놓여 있습니다.

－진정한 스승님을 그리워하는 새일이가－

이 편지를 받고 기분 참 좋았습니다. 사람은 의미를 먹고 사는가
봅니다. 선생이 된 지 10년, 제자가 보내 준 편지 한 통으로 하루 종
일 기분이 좋았습니다. 아이들과 함께하는 삶의 보람이 이런 것인가
봅니다. 그러면서 제대로 해 준 것도 잘 가르친 것도 없는 듯한 마음
에 문득 제가 스승의 표상으로 생각하는 함석헌 선생님의 이야기를
떠올려 보았습니다.

함석헌 선생님이 일본의 동경사범학교를 졸업하시고 모교인 오산
학교에서 교편을 잡았을 때의 이야기입니다. 하루는 학생들이 떼를
지어 교무실로 쳐들어왔습니다. 학생들은 문제를 일으킨 한 선생을
폭행하겠다고 몰려온 것이었습니다. 이때 다른 선생들은 다 도망갔는
데 함석헌 선생님은 고개를 숙이고 계셨습니다. 흥분한 학생들은 함
선생님을 바로 문제의 선생으로 착각하고는 마구 폭력을 행사했습니
다. 나중에야 그 대상이 잘못됐다는 것을 알게 된 학생들이 용서를
빌면서, 고개를 숙이고 계셨던 이유를 여쭈었습니다. 그때 함석헌 선
생님의 말씀입니다.

"내가 눈을 뜨고 맞았다면 내 사랑하는 제자들 중 누가 나를 때렸

는지 알 것이 아닌가. 또 나를 때린 자네들도 알 것이고……. 그러면 내가 어떻게 강단에 서겠으며 또 자네들도 어떻게 나를 보겠는가?”

이 말씀에 학생들이 크게 감동하여 함석헌 선생님께 엎드려 용서를 구했다고 합니다. 어쩌면 이럴 수가 있을까요? 일촉즉발의 순간에 보신에 혈안이 될 법한 상황에 즉각적인 스승의 길을 선택하고 결단하신 모습……. 이건 계산된 행위가 아닌 몸에 밴 제자사랑과 사도의 길에 대한 올곧은 신념과 확신에 따른 것입니다.

대학 시절 스승님께 편지 쓴 것을 다시금 들춰보았습니다. 우리는 누군가의 제자이면서 또한 스승인가 봅니다. 사제가 서로 잇닿아 살아가는 삶이 참 아름다운 것 같습니다.

존경하는 손규태 교수님께

교수님, 어느새 하늘은 높고 말이 살찐다는 가을이 문턱에 다가와 있습니다. 언제 그렇게 무더웠냐는 듯이 바람도 선선해졌습니다. 길 가에 피어 가을바람에 한들한들 춤을 추고 있는 코스모스의 여린 줄기, 그 줄기 끝에 달린 예쁜 꽃잎…… 생각만 해도 가을정취에 흠뻑 빠져드는 감성에, 정이 많으셨던 교수님을 떠올려 봅니다. 교수님은 가을 들판의 코스모스 같은 분이셨습니다.

교수님은 오랫동안 '신부전증'이라는 난치성 병고 속에서도 학문적 성과를 내고 계셨습니다. 교수님은 언제나 설레는 마음으로 기대와 긴장이 가득한 강의실에 들어오셨습니다. 처음 교수님의 강의를 접하게 된 날, 교수님에 대한 강렬한 인상은 지금도 생생히 기억납니다. 교수님은 단정하면서도 검소한 차림에, 전형적인 학자형 외모셨습니다. 중후한 분위기의 금테안경 속에는 날카로운 지성의 눈빛이 번뜩였습니다. 교수님은 강의실에 들어오셔서 자신을 간략하게 소개하시고 바로 강의계획서를 나눠 주시면서 한 학기 동안 펼쳐 나갈 강의목표와 방향을 제시하셨습니다.

교수님은 느린 어조로 또박또박 말씀을 이어 가셨습니다. 그야말로 대학자다운 위엄으로 수강생들을 압도해 나가셨습니다. 그때, 전 이런 생각을 했었습니다. '이번 학기는 제대로 배우기는 하겠지만, 지루해서 고생 좀 하겠구나.' 아니, 그런데 이게 웬일? 이건 어느 TV 프로그램에서 나왔던 '반전드라마'를 연상시키는 일이 벌어졌습니다. 교수님은 10여 분 정도 강좌에 대한 안내를 마치고는 처음의 분위기와는 전혀 다른 모습으로 강의를 펼쳐 나가셨습니다. 교수님, 기억하시는지요? 그날 교수님의 강의는 신바람웃음제조기라는 황수관보다도 더 웃음과 재담으로 가득한 이야기 한마당이었습니다. 이런 교수님의 웃음 가득한 강의는 다음 시간에도 이어졌습니다. 그 재미난 재담과 함께 펼쳐지는 강의에 빠져들어, 교수님의 과목을 모두 듣게 되었습니다. 이건 저만이 아니었습니다. 교수님의 강의는 많은 학생이 수강하는 인기 강좌였습니다.

강의 첫날, 저희를 압도하신 것은 옛날 모 코미디언의 성대모사를 하신 것이었습니다. 웃느라 필기도 제대로 못 할 정도였으니, 이건 그야말로 한 편의 개그콘서트였습니다. 첫 강의를 마치고 저희는 강의 첫 부분을 초긴장 상태로 몰고 가신 것과는 전혀 다른 교수님의 소탈한 성품과 재담이 어쩌면 그렇게 다른 것인지, 의외로 엉뚱한(?) 교수님을 만나 한 학기 동안 재미있을 것 같은 기대감으로 이야기꽃을 피웠습니다. 교수님의 강의가 학생들의 인기를 얻는 강좌가 된 것은 단순한 재담만이 아니었지요. 교수님의 재담 속에는 우리 사회현실을 어떤 입장에서 해석해야 하는지, 그 현실에 대한 학문적 논의는 어떻게 펼쳐 나가야 하는지에 대한 깊은 통찰이 절묘하게 어우러져 있었습니다. 또한 교수님의 강의는 생동감 넘치는 체험을 바탕으로 여러 가지 에피소드를 곁들여 적절한 타임에 웃음을 자아내게 하셨습니다. 이런 강의법은 학교에서 아이들을 가르치는 제가 본받고 싶은 교수법의 모델입니다.

제가 교수님을 지금까지 존경하며 따르는 것은 강의만 마음에 들어서가 아닙니다. 교수님을 더욱 따르게 한 것은 교수님의 고매한 인품 때문이었습니다. 저는 강의 시간에 미처 이해하지 못하거나 더 알고 싶은 것이 있으면 교수님께 찾아가 질문을 하곤 했는데, 그때마다 교수님은 언제나 반갑게 맞아 주시고, 어떤 질문에도 성심을 다해 대답을 주셨습니다. 도움이 될 만한 책이나 논문이 있으면 선뜻 건네주셨고요. 처음엔 질문을 하러 드나들던 교수님의 연구실이 제 인생의 상담소로 연결되었습니다.

또한 교수님은 자신보다 남을 존중해 주시고 남의 말을 잘 들어주셨습니다. 인생의 어려운 고비마다 교수님을 뵙고 상담을 하였습니다. 그때마다 못난 제자의 고민을 들어주시고, 진심으로 위로해 주시고, 믿음을 담아 격려를 해 주셨습니다. 교수님의 믿음은 제가 살아가는 데 큰 힘이 되었고, 버팀목이 되어서 힘들고 지칠 때마다 교수님을 떠올리며 힘을 얻곤 합니다.

저는 지금 작은 농촌 중학교에서 아이들을 가르치는 일로 살아갑니다. 이런 제게 교수님으로부터 배운 가르침이 큰 도움이 되고 있습니다. 비록 주어진 환경이 힘들다 할지라도 얼굴 찌푸리지 않고, 여유를 가지고 웃어 보는 것부터 시작합니다. 수업 시간에는 일부러 유머러스하게 진행하려고 합니다. 저는 교수님과 달리 조크에 재주가 없어서 아이들이 하도록 유도합니다. 그러면 아이들은 기다렸다는 듯이 자신의 체험을 각색하여 재미난 이야기를 엮어 냅니다. 그러다 보니 수업 분위기도 좋고, 아이들의 상상력도 길러 주게 되어 교육적 효과도 얻게 되었습니다. 이 시간에는 공부는 좀 못해도 두각을 나타내는 아이들이 많아 즐겁습니다. 그렇게 웃으면서 함께 어우러지다 보면 어느새 아이들과 함께 하나가 됩니다.

학창시절, 아무도 관심 가져 주지 않을 수도 있었던 저의 열정을 알아봐 주시고 더 크게 자라도록 이끌어 주신 교수님을 만나지 못했더라면, 교수님이 제게 그러하시듯이 저 역시 좋은 선생이 되고 싶다는 꿈을 감히 가질 수 있었을까 하는 생각을 종종 하곤 합니다. 제가 선생으로 살아가려고 결심하게 된 것은 교수님을 뵈었을 때부터인 것 같습니다. 저 역시 아이들에게 용기를 북돋아 주고, 잠재력을 이끌어 내 줄 수 있는 선생이 되고 싶습니다. 어렵고 힘들게 공부하던 시절에는 공부할 수 있는 동기를 주셔서 제게 참다운 공부의 재미를 느끼게 해주셨고, 어른이 되어서는 교수님을 닮은 좋은 선생이 되고 싶게, 좋은 모델이자 마음속의 등불이 되어 주신 교수님께 진심으로 감사드립니다.

사람들이 말하기를, 인생의 가장 큰 축복은 좋은 부모님에게서 태어나는 것이고 인생의 가장 큰 다행은 훌륭한 스승을 만나는 것이고 인생의 가장 큰 행운은 좋은 배우자를 만나는 것이라고 합니다. 저는 인생에서 교수님 같은 스승님을 모시게 된 것을 큰 축복으로 여기며 살아가고 있습니다.

제가 선생의 길을 갈 수 있게 이끌어 주신 분이 바로 교수님이십니다. 가르치는 일이 얼마만큼 가치 있고 아름다운 일인지를 몸소 보여 주셨던 교수님…… 그 일이 반복적인 일상 속에서 따분하고 힘든 일이 아니라, 세상을 이야기하고 행복한 꿈을 꿀 수 있는 시간임을 알게 해 주셔서 감사드립니다.

편지를 쓰다 보니 가슴이 따뜻해지면서 저절로 힘이 납니다. 저의 스승이 되어 주셔서 감사합니다. 학창시절 잊지 못할 아름다운 추억들을 간직하게 해 주셔서 감사드립니다. 늘 건강하세요.

2010년 10월
제2의 손규태를 다짐하는 제자 한승진 올림

선생들이 배우는 자세가 이래서야

언젠가 국어교사 교과 직무연수를 받으면서 느낀 것을 적어 봅니다.

저는 대학 재학 시, 이런저런 일들로 제대로 공부하지 않은 분야가 늘 마음 한구석에 아쉬움으로 남았습니다. 그것이 바로 우리 고전문학에 대한 전문지식과 교수법이었습니다. 그러던 차에 마침 국어교사 교과 관련 직무연수에서 '고전문학 교육의 이론과 실제'라는 주제로 연수가 열린다고 하여 기대감에 부풀어 신청했습니다. 그렇게 기대하며 맞이한 연수를 맞이하고는 강의안을 펼쳐 보았습니다. 먼저 강사 소개를 보니, 유명하신 분이 아닌지 성함이 낯설었는데 자세히 보니, 저처럼 작은 농촌에 소재한 중학교 국어 선생님으로, 고전문학 전공 박사학위를 취득하신 분이셨습니다. 선생님은 이 분야에서 여러 편의 학술논문과 저술활동도 하셨고, 수년간 대학에서 강의도 해 오시면서 오랜 교직 경력을 갖추신 분이셨습니다. 그야말로 제겐 그 뒤를 따르고 싶은 역할 모델 같았습니다.

강의실에 들어오신 선생님의 인상은 온화한 미소를 머금고 찾아온 인심 좋은 이웃집 아저씨같이 정겨웠습니다. 강의에 앞서 자기소개를 곁들여 하신 말씀이 감명 깊게 들렸습니다. 선생님은 지금 재직하시는 학교가 작은 규모의 농촌 중학교이지만 아이들을 가르치시는 것이 대학에서 가르칠 때보다 더 행복하시다고 말씀하셨습니다. 그 이유로 대학에선 똑똑한 사람들이 가르치려고 하기에, 굳이 자신도 그곳에 끼어들어야 하나 하는 고민을 하던 차에 마침 생활 여건이나 교육 여건이 열악한 지금의 학교에서 아이들을 가르치게 되면서 말할 수 없는 보람과 기쁨을 느끼시게 되었다고 하셨습니다. 그러다 보니 대학에서 가르치실 때보다 더 열심히 수업 준비하고, 아이들을 상담하면서 지낸다고 하셨습니다. 이제는 그럴리야 없겠지만 대학에서 전임으로 오라고 해도 갈 마음이 없다고 하셨습니다. 저는 이야기를 들으면서 이런 생각을 해 보았습니다. 선생님의 인상이 좋은 이유가 부족한 교육 여건 속에서 아이들과 한데 어우러지면서 가르치는 삶의 보람과 행복을 만끽하시기 때문인 것 같았습니다.

선생님은 동료교사들을 사랑하시는 마음으로 정성을 다해 연수 준비도 해 오셨고, 내용전달도 딱딱한 이론에 치우치지 않고, 교육현장 속에서 진행되는 이야기들을 중심으로 펼쳐 나가셔서 지루하지 않아서 좋았습니다. 이런 점들이 제게는 유익하고, 귀감이 되기에 오랫동안 기억에 남는 즐거움이었습니다. 그러나 아쉽게도 함께 참여하신 몇 분의 선생님들로 인해 마음이 상했습니다. 분명 제겐 소중한 연수였지만, 저와 다른 생각과 느낌과 의견을 가지신 분들은 지루한 연수일 수도 있을 것입니다. 아무리 그렇다고 해도 강의 시간에 떠든다거나 다른 책을 펼쳐 보는 것은 분명 무례한 행위입니다. 정 듣기 싫거나 와 닿지 않는다고 해도 강사에 대한 예의상이라도 들어주다가, 쉬는 시간에 조용히 나가서 들어오지 않는 것이 하나의 방법일 것 같았

습니다. 공자는 '극기복례'(克己復禮)라는 말로 모든 행위에 있어 기본
적으로 예의를 갖춰야 함을 역설(力說)했습니다. 그런데 다른 사람들
도 아닌 선생님들의 모습에서 예의에 어긋나는 모습을 보아야 한다
는 것이 너무나 가슴 아팠습니다.

저는 이다음에 저희 집 아이들이 자라서 이 선생님들에게 우리말
과 글을 배울 수 있다는 생각도 해 보았습니다. 이렇게 무례한 선생
님들이 아무리 우리말과 글 실력이 뛰어나시고 수업을 잘하신다고
해도, 이건 아닌 것 같다는 생각이 들었습니다. 조금 심하게 든 생각
은 선생이기 이전에 기본적인 사람됨의 문제인 것 같았습니다. 저는
사람됨의 자세에 대하여 깊이 생각해 보았습니다. 우리 선생들이 쌓
아 나갈 것은 '어떻게 실력을 쌓을까?', '어떻게 수업을 잘할까?' 하는
것보다 '사람됨을 닦아 나감'임을 깊이 생각해 보았습니다.

안타깝게도 우리나라는 선생이 되기 위한 교육대학이나 사범대학
이나 교직이수 과정에서 전문적인 지식 습득과 교수법 등은 매우 중
시하며 가르치고, 더 중요한 사람됨은 제대로 가르치지 않습니다. 이
와 같은 사람됨은 교사가 되기 위한 임용고사에서도 객관적인 평가
도구를 마련하기가 어렵다는 이유로 무시됩니다. 이렇게 교사가 되
어, 교단(校壇)에 서면, 이를 가르쳐 줄 사람이 더 없을 것입니다. 모름
지기 선생은 '난 사람'이나 '든 사람'보다는 '된 사람'이 되어야 하는
데 오늘 우리의 교사양성교육과 교육임용고사는 든 사람만을 강조하
고 있습니다. 물론 된 사람을 공정하게 평가해 낸다는 것이 쉽지 않
기에 그렇겠지만 중요성을 절실히 느낀다면, 우리나라의 교육평가 전
문가들이 머리를 맞대고 애써서 이런 평가 도구 하나 못 만들까 싶습
니다.

오늘 문득 '반면교사'(反面敎師)라는 말을 떠올려 보았습니다. 흔히 다른 사람이나 사건에서 교훈을 얻는다는 의미로 '타산지석'(他山之石)이 연상되지만, 저는 반면교사라는 말을 더 좋아합니다. 그 이유는 타산지석이 '다른 사람이나 사물의 부정적인 측면에서 가르침을 얻는다'는 뜻인데 이것보다 의미가 더욱 즉각적이고 강력한 것 같기 때문입니다. 사실 이 말의 유래는 1960년대 그러니까 그 유명한 중국 문화대혁명 때, 마오쩌둥(毛澤東)이 처음 사용한 것으로 전해집니다. 마오쩌둥은 부정적인 것을 보고 긍정적으로 개선할 때, 그 부정적인 것을 '반면교사'라고 하였습니다. 즉, 이는 혁명과업에 위협이 되지만 반면에 사람들에게 교훈이 되는 집단이나 개인을 일컬음을 지칭한 말이었습니다. 요즘은 보통 다른 사람이나 사물이 잘못된 것을 보고 가르침을 얻는 것을 말합니다.

이 선생님들을 보면서 저 자신의 사람됨을 돌이켜 보고, 되새겨 보는 반성의 기회를 삼아 보았습니다. 그러면서 참으로 가슴 아프게 생각난 것이 있었습니다. '이렇게 무례한 선생님들에게 그 누가 쓴소리를 할 수 있을까요?' 하는 것이었습니다. 누군가에게 충고하거나 지적한다는 것이 그다지 쉬운 일은 아닙니다. 더욱이 나름대로 자기 분야에서 전문적인 지식을 갖추고 그 분야에서 오랜 경험을 쌓은 이에게는 더더욱 어려운 일입니다. 섣불리 지적하다가는 멋쩍은 논쟁으로 치닫게 될 수도 있고, 괜히 지적하고는 그게 교만으로 비춰져서 관계만 서먹해질 수도 있습니다. 하기야 이미 굳어 버린 사람됨을 누가 지적한다고 쉽게 고쳐지는 것도 아닌 것 같습니다. 그저 자신이 스스로를 반성해 나가야 할 것입니다.

그리고 보면 저 같은 선생이나 목사는 잘못을 해도 지적해 주는 사람이나 경우가 드뭅니다. 아무래도 선생이나 목사에게 섣불리 지적한다는 것이 꺼려질 것입니다. 그러니 어느 때는 잘못하는데도 이를 알지 못하여 다른 사람의 눈살을 찌푸리게 할 수도 있고, 잘못이 한 번 두 번 쌓다 보면 사람됨으로 굳어질 수도 있습니다. 그렇게 되면 잘못을 깨닫게 되도 고치기가 어려워질 것입니다. 그러니 제일 중요한 것은 선생으로서, 목사로서 몸가짐과 언행을 삼가 조심하는 삶으로 스스로 자기 점검하듯 사람됨을 가꿔 가야 할 것입니다. 또한 쓴소리도 사랑으로 해 줄 수 있는 고운 벗님의 말에 귀 기울여 나가야겠습니다.

일기를 써 봐요

　지난 방학 때, 교사 연수 과정으로 '일기쓰기 교육'을 접했습니다. 저는 연수명이 아주 마음에 들어 신청하고 미리 강의 원고도 꼼꼼하게 읽어 보았습니다. 읽어 보니 일기에 대한 이론과 실제를 아주 상세하게 정리해 놓은 글이었습니다. 목차를 대충 훑어보니 일기에 대한 역사적 고찰, 일기 쓰기의 실제 그리고 일기 쓰기 지도의 의의로 되어 있어 기대가 되는 연수였습니다.

　사실 저는 일기쓰기에 대하여 제대로 배워 본 적이 없고, 사랑이를 낳고 쓴 한사랑 아빠의 일기를 엮어 낸 『사랑한다 내 딸 사랑아』를 쓰기 전엔 제대로 일기를 써 본 적도 없었습니다. 그러니 마음만 있지, 아이들에게 일기 쓰기 교육을 해 볼 엄두조차 못 냈습니다. 마침 이번 방학에 일기 쓰기 공부를 하여 2학기에는 가르쳐 볼 생각이었는데 아주 잘되었다 싶었습니다.

　연수를 이끄신 분은 현직 고교 국어 선생님으로 정식으로 문단 데뷔하신 시조시인이요, 수필문학가셨습니다. 거기다 국어국문학전공으로 박사학위 소지자로 대학강의도 하시는 분이셨습니다. 이런 화려

한 학력과 경력이셨지만 아주 겸손하신 분이셨습니다. 연수 준비도 성실하게 해 오셨고, 하나하나 성실하게 설명해 주셨습니다.

인상 깊었던 점은 실제로 선생님이 오랫동안 일기를 써 오셨고, 아이들에게 일기 쓰기를 지도하고 계셨습니다. 선생님의 일기 중, 인상 깊었던 것 하나는 집 안에서 키우는 개에 대한 관찰일기 등이었습니다. 일기 몇 편을 읽어 주셨는데 일상적인 소재들 속에서 아름다운 글샘을 길어 올리시는 게 놀라웠습니다. 또한 '어쩌면 저렇게 사소한 일상을 아름답게 보실 수 있을까?' 싶었습니다.

사실 지금 봐도 제가 쓴 『사랑한다 내 딸 사랑아』와 최근에 쓴 일기 형식을 모아 엮어 낸 『사람은 잇대어 살아야 해요』는 좀 짜임새도 빈약하고, 편제도 산만한 편입니다. 그런데 선생님의 일기는 한 편, 한 편이 예술이었습니다. 선생님은 일기가 아주 유용한 인성교육의 자료가 될 수 있음을 일깨워 주셨습니다. 선생님은 무엇보다도 일기가 누구나 쉽게 접할 수 있고, 가능한 문학이라고 강조하셨습니다.

일기는 우리 생활과 가장 밀접한 관련을 맺는 글쓰기입니다. 일기를 통해 자신의 삶을 겸손히 돌아볼 수 있습니다. 저는 이번 연수를 접하면서 일기 쓰기가 얼마나 중요한지 새삼 깨달았습니다. 일기를 쓰게 되면 삶의 진지함을 갖게 될 것이고, 반성을 통해 진실과 성실한 삶을 다짐하게 될 것입니다. 또한 글쓰기 실력이 축적되어 수필문학이나 다른 문학적 글쓰기도 가능해질 것입니다. 그렇게 생각하니 제가 어설프나마 꾸준히 써 나가는 일기도 단순한 개인적인 성찰을 넘어 제 삶의 진실과 성실을 다짐하게 하고, 글쓰기 실력을 쌓아 갈 수 있게 할 것 같다는 생각을 해 보았습니다. 제가 좀 게을러서, 일기 쓰기도 띄엄띄엄 이가 빠진 모양새이지만 꾸준히 써 나가면 좋을 것 같다는 생각을 해 보았습니다.

저는 가능한 대로 일기를 쓸 것을 다짐했습니다. 그리고 제 아이들과 학교 아이들에게도 일기를 쓰도록 권유해 볼 생각입니다. 제가 먼저 모범을 보이면서 일기 쓰기의 적절한 지도를 한다면 좋을 것 같습니다.

2학기 때는 제가 배운 강의 원고를 수정·보완하여 학생들에게 가르칠 생각입니다. 일기 쓰기가 쉽지는 않습니다. 저는 어렸을 때 일기를 쓰려고 시도하다가 며칠 못 가서 주저앉은 경험이 많습니다. 그러니 누구보다 일기 쓰기가 어렵다는 것을 잘 압니다. 그러나 지금까지 그런대로 일기를 쓰고 있으니, 불가능한 것은 아닌 것 같습니다. 일기를 쓰면서 얻는 효과가 크니 일기 쓰기를 강조하렵니다. 그래서 교사 연수 과정에 일기 쓰기 지도가 들어가 있나 봅니다.

오늘은 연수 열심히 받은 날입니다. 제가 필요로 하는 것이다 보니 적극적으로 참여하고, 열심히 임했나 봅니다. 하나의 바람을 가져 보았습니다. 제 아이들과 가르치는 아이들이 억지로가 아닌 하고 싶고 스스로 의욕을 불태우는 공부를 했으면 좋겠습니다.

오늘 가르치는 사람의 성실하고 겸손한 자세가 참 중요함을 배웠습니다. 저는 보여 주기 위한 쇼맨십이나 지나치게 달변인 사람들보다는 오늘 연수를 이끄신 선생님처럼 조금은 떨려서 실수를 하더라도 진심으로 정성을 다해 가르침에 임하는 분들이 참 좋습니다. 이런 분들의 가르침은 가슴 깊이 남습니다. 그런데 가만히 보면 갖춰진 내용이 빈약한데 달변으로 가르치는 분들이 많습니다. 이런 분들의 경우는 들을 때는 귀에 쏙쏙 들어오지만, 정작 가르침 후엔 그저 우스갯소리 정도만 기억나는 경우가 많습니다.

오늘 성실과 겸손으로 가르치시는 분을 보고, 기분이 참 좋았습니다. 보여 주기 위한 기교도 중요하지만 더 중요하게 갖춰 나갈 실력과 겸손과 정성과 진심을 다짐해 보았습니다. 그야말로 외화내빈(外華內貧)보다는 외유내강(外柔內剛)의 선생을 다짐해 보았습니다.

자기주도적인 삶과 겸손으로

저는 아주 고질적인 병이 하나 있습니다. 자기주도적인 자율적 인간이 아닌 타율에 익숙하고 시키는 대로 하려는 타성과 노예근성이 몸에 배어 있는 것입니다. 그래서 글 쓰는 것도 어떤 주제로, 언제까지 하라고 하면 그에 맞춰서 잘합니다. 그런데 "알아서 해 주세요." 그러면 이게 엄청 힘듭니다. 저를 배려하는 친절로 알아서 하라고 자유를 주었는데 정작 저는 어떤 주제로, 언제까지가 막연하면 이를 스스로 하질 못합니다.

직장에서나 친구들과 식사를 하러 가서도 마찬가지입니다. '무엇을 먹을까?' 고민입니다. 제가 잘하는 말입니다. "아무 거나요." 저는 정말이지 선택을 잘 못합니다. 좋게 보면 가리는 것 없이 잘 먹어서 그렇지만 사실은 그게 아니라, 책임에서 피하고 싶은 생각에서입니다. 앞장서서 눈에 띄는 것을 피하려는, 그저 묻어가려는 생각에서입니다. 그래서 누가 선택하면 "저도 같은 걸로요." 이렇게 말해 버립니다. 그러면 마음이 편해집니다. 그렇게 하곤 속으로 '에이~ 다른 걸 시킬 걸 그랬나?' 합니다.

학교에서 3학년 아이들에게 묻곤 합니다. "너, 고등학교 어디 갈 거니?" 그러면 이렇게 대답하는 아이들이 많습니다. "몰라요. 그냥 점수 맞춰 가야죠." "엄마가 인문계 가래요." 이런 자세는 자기 주도적이지 못한 것으로 저와 같은 노예근성일 것입니다. 다른 사람이 하니까 그저 따라가는, 좀 똑똑한 사람이나 높은 사람이 하니까 그냥 하는 것과 같습니다. 이와 같이 노예근성에 젖어든 삶은 결코 자유로운 삶이 아닙니다.

자유는 이런 노예근성을 끊어 내고 스스로 일어서야만 비로소 시작됩니다. 이런 노예근성에서 벗어나려면 스스로 판단하고 결심하고 다짐하고 진행해 나가야 합니다. 이를 스스로 '자'(自), 서다 '립'(立)이라고 해서 '자립'이라고 합니다. 자립의 마음을 길러 가야만 합니다.

존 스튜어트 밀은 자유에 대해서 이렇게 말했습니다. "자유란 그저 속박된 상태에서 벗어난 것을 말함이 아니다. 어떤 일을 하고자 하는 마음과 능력과 여건이 갖춰진 것을 말한다." 이 말을 제 방식으로 이해해 봅니다. 제가 여행하고 싶은데 돈이 없다, 건강하지 못하다, 시간이 없다면 여행할 수 있는 자유나 선택의 자유가 없습니다. 우리 학교 아이들이 특수목적고등학교나 시내 인문계를 가려고 하는데 점수가 안 되면 가고 싶어도 갈 수가 없습니다. 건강한 신체와 체력이 없으면 체육고등학교에 갈 수가 없습니다. 용기가 없으면 새로운 일에 도전할 수가 없습니다. 그러니 자유는 타고나는 것이라기보다는 꾸준히 길러 가는 능력일 것입니다.

모든 일은 마음먹기에 달려 있다고 합니다. 눈에 보이지 않기에 마음은 헤아리기 어렵습니다. 몸이 아프면 자기 자신이 바로 압니다. 주위 사람도 압니다. 그러나 마음이 아프면 자신도 잘 모르고 남도 잘 모릅니다. 그러다 보니 마음이 불편함과 아픔으로 우울증에 빠져들기도 합니다. 급기야 돌이킬 수 없는 결정을 하기도 합니다. 제가 마음에 되새기는 성서의 구절입니다.

"마음을 강하고 담대히 하라. 내가 너와 함께하겠다."(여호수아 1장 9절)

"무릇 지킬 만한 것보다 네 마음을 지키라. 생명의 근원이 이에서 남이다."(잠언 4장 23절)

바울은 감옥에 갇혀 고생하지만 자신의 마음은 강하고 담대하고 건강했습니다. 그는 올곧은 하나님에 대한 믿음과 주어진 사명에 대한 확신이 있었습니다. 중앙대학교 교훈이야말로 기독교정신을 잘 드러낸 것으로 봅니다. "의에 죽고 참에 살자" 우리가 왜 일하는지, 왜 사는지를 알고 그 의미를 찾고, 확신하면 자유로운 삶을 살 것입니다. 아무리 힘이 세고, 많이 배우고, 돈이 많고, 높은 사람도 남이 시켜서 하는 사람이나 남의 눈치를 보는 사람은 바람결에 흩날리는 겨와 같을 뿐입니다. 자신의 삶의 의미를 찾아, 그 스스로 일을 찾아서 하는 사람은 그 누구도 이길 수 없습니다. 요즘 보니 아이들이 참 열심히 공부를 합니다. 아침 영재수업으로 7시 30분부터 학교에 와서 공부를 합니다. 그러고는 방과 후 학교를 하고, 꿈나무 공부방이라고 야간자율학습을 밤 9시까지 합니다. 이렇게 학교에서 하는 것 말고도 학원과 교육방송 시청 등으로 아주 열심히들 합니다.

그런데 가만히 보면 열심히 아침부터 밤늦게까지 공부하는데 원하는 성적이 안 나오는 경우가 많습니다. 왜냐하면 아이들이 스스로 선택하고 임하지 않고, 억지로 하기 때문입니다. 아이들은 스스로 하고 싶어서가 아니라 부모님과 선생님이 하라고 해서 하니 능률이 안 오르는 게 당연합니다. 그리고 공부란 게 듣기만 해서는 안 되고, 스스로 궁금함과 의문과 비판과 연관된 상상력으로 임해야 합니다. 그리고 들은 것을 풀어 보고 적어 보고 말해 보아야 자기 것이 됩니다. 스스로의 선택과 결단과 꾸준한 인내로 오래 참음으로 이어 가야만 합니다.

그리고 한 가지 마음 깊이 되새길 것이 하나 있습니다. 그야말로 아무리 강조해도 지나치지 않는 덕목이 바로 '겸손'입니다. 중학교 1학년 때, 누군가 공부 열심히 하라고 입학 선물로 사 준 영어 참고서가 떠오릅니다. 이 영어 참고서는 첫 장에 나폴레옹의 사진과 함께 멋진 글씨체로 이렇게 쓰여 있었습니다. "Boys, be ambitions!" 이 말에 대한 우리말 해석은 이렇습니다. "젊은이여, 야망을 품어라!" 이 말이 어찌나 멋지게 다가오던지 영어로 외우곤 했던 기억이 납니다.

그런데 사실 이 말을 누가 했는지, 그 본래적 의미는 무엇인지를 안 것은 그로부터 20년이 지나서였습니다. 이 말을 한 사람은 일본의 홋카이도를 개발한 윌리엄 클라크 박사입니다. 그는 1876년 농과대학의 학장을 지낸 사회적으로 유명한 사람이었는데, 일본에 기독교신앙을 전하고자 삿포로 농업학교 교장으로 자원했던 것입니다. 그렇게 시작한 농업학교 교장 직은 불과 8개월 만에 기독교 신앙을 주입한다는 이유로 강제 퇴직당하게 되면서 끝이 나고야 말았습니다. 그러니까 그가 농업학교 교장을 한 것은 고작 8개월 남짓일 뿐입니다. 그런데 지금도 홋카이도 삿포로에는 그의 동상이 세워져 있다고 하니 그의 영향력을 짐작게 합니다. 그 유명한 일본 최고의 기독교 지성인 우찌무라 간죠(內村鑑三)도 그의 제자였습니다.

"Boys, be ambitions!"라는 말은 그의 교장 퇴임연설에서 나온 말입니다. 그런데 사실 이 말은 원래 "Boys, be ambitions in Christ"였습니다. 그러니까 우리말로 하면, "젊은이여, 그리스도 안에서 야망을 품어라!"일 것입니다. 기독교 신앙을 전하려다가 강제 퇴직당한 그……그가 가장 중요하게 여긴 말인 "그리스도 안에서"가 빠져서 전해져 옴을 안다면 얼마나 통탄해할까 싶었습니다. "그리스도 안에서"가 빠진 말은 그저 젊은이들에게 높은 지위를 얻고, 부자 되고, 명예를 얻으라는 것일 뿐입니다.

이처럼 그저 야망만을 추구하는 것은 중요한 '겸손'을 잃어버리게 합니다. 그저 인간적인 욕망추구만으로는 참된 성공을 이룰 수 없고, 행복해질 수 없습니다. 모든 일에 하늘을 공경하는 자세로서 겸손이 중요합니다. 제 힘으로, 제 능력을 과신하는 순간 패망의 길에 치닫게 됩니다. '내가 최고!', '나 아니면 안 돼!' 하는 순간 이웃을 잊게 되고, 함께 아우르는 전체성도 잊게 되고 맙니다.

겸손한 마음가짐은 아무리 강조해도 지나치지 않습니다. 사람은 누구나 부족하고 결점이 많은 존재입니다. 그래도 가치 있게 살아가는 것은 하나님의 은총이며, 함께하는 사람들의 눈길과 손길의 어우러짐 덕분일 것입니다. 이런 생각을 한다면 "내가 최고", "나 아니면 안 돼!" 하는 하늘을 찌를 듯한 교만이 없을 것 같습니다.

언젠가 본 칼린 지브란의 '거울 속에서 나온 사람'이라는 이야기입니다. 한 왕이 하루는 거울을 보는데 그 속에서 왕의 모습을 한 사람이 뛰어나왔습니다. 이 사람과 왕은 주거니 받거니 이야기를 나누었습니다.

"남보다 지혜가 있어 왕이 되었소."

"세상엔 자네보다 지혜 있는 사람들이 얼마든지 있다네."

"남보다 능력이 있어 왕이 되었소."

"세상엔 자네보다 능력 있는 사람들이 얼마든지 있다네."

"남보다 통치력이 있어 왕이 되었소."

"세상엔 자네보다 통치력이 있는 사람들이 얼마든지 있다네."

왕은 이렇게 이야기를 나누고 나서 식은땀을 흘리면서 이렇게 말했습니다.

"제가 잘나서가 아니고, 그저 하늘의 은총으로 왕이 되었습니다."

이 이야기에서 거울 속에서 나온 사람은 결국 마음 깊은 곳의 자신일 것입니다. 가만히 자신을 돌아보다 보면 나를 넘어서는 우리를 생각할 줄 아는 전체성과 겸손의 지혜를 터득할 것 같습니다.

수레바퀴는 많은 바퀴살이 바퀴 한복판에 난 구멍으로 모여듭니다. 그렇게 해서 수레바퀴가 만들어지고, 거기에 수레 축을 연결함으로써 수레가 굴러다닐 수 있습니다. 질그릇은 속이 텅 비어 있습니다. 그 때문에 거기에 물을 담고, 음식을 담을 수 있습니다. 방이라는 것은 벽을 뚫고서 창문을 내어 방을 만드는데 그 안에 비어 있는 공간이 있어야 방의 구실을 할 수 있습니다. 그러니 있는 것으로 유익을 삼고 없는 것으로 작용을 삼는 것입니다. 그릇은 정도의 차이는 있지만 가운데는 모두 움푹하게 들어가 있습니다. 그 움푹 들어간 곳에는 아무것도 없습니다. 그러나 한가운데가 비어 있지 않다면 물건을 담을 수 없습니다. 이처럼 좀 부족한 부분이 있기에 우리는 겸손하게 자신을 돌아보게 되고, 나보다 남을 높게 여기는 것 같습니다.

공교육의 틀에서 종교교육 어떻게 해요

아래의 글은 수년 전, 종교교육을 고민해 본 계기가 되었던 일입니다. 대상 아이의 허락을 얻어 건의문을 싣습니다.

저는 2학년 1반 임 환입니다.

"우리 학교도 종교의 자유를 달라. 종교의 자유를 주십시오."
최근 뉴스 기사를 보면, ○○고 학생이 종교의 자유를 위해 45일간 단식을 하였다고 하는데, 우리 학교도 종교의 자유가 필요하다고 생각합니다. 국가법에 의하면, 우리나라 모든 국민은 신체의 자유, 종교의 자유 등이 있는데 우리는 왜 받지 못합니까? 저희 반에 김 모 군은 '여호와의 증인'이라는 종교를 믿는데 여긴 기독교와는 정반대라고 알고 있습니다.
그런데 강제로 기도시키고 예배를 보게 하는 것은 사랑을 말하는 기독교의 모습이 아닌 것 같습니다. 예수님이 억지로 하는 기도, 예배를 받고 과연 좋아하시고 기뻐하시고 기도를 들어주실까요? 아마 예수님도 원하시지는 않을 것 같습니다. 깊이 생각해 주셔서 우리들의 마음을 헤아려 주셨으면 합니다. 그냥 쓰느라 인사말이 빠졌습니다. 몸 건강하십시오.

이 글은 학교에 비치된 '교장선생님께 건의함'이라는 통에 들어 있었습니다. 이 건의문을 보신 교장선생님이 학교 목사인 저를 부르셔서 함께 논의하자고 하여, 교장실에서 말씀을 나누었습니다. 제게 보여 주신 건의문을 살펴보다가 필적이 눈에 익어 누가 쓴 것인지 금방 알아보았습니다. 다행히 건의한 아이와는 그런대로 마음을 터놓고 지내는 편이라 제가 불러 이야기하기로 했습니다.

교장선생님은 조심스럽게 말씀을 꺼내셨습니다. "요즘 같은 때는 급하게 내리는 소나기는 피하는 게 좋으니, 종교교육과 행사를 조심스럽게 실행하면 어떻습니까?" 저도 그 말씀의 의미를 알기에 말씀에 동감의 뜻을 표하고는 교장실을 나왔습니다.

그날 밤 그야말로 뜬 눈으로 밤을 지새웠습니다. 고민에 고민을 거듭한 끝에 다음 날 아침 자율학습 시간에 건의한 아이를 상담실로 불렀습니다. 저는 이 아이와 함께 차를 마시면서 이런저런 이야기를 나누었습니다. 저는 좋은 분위기로 이야기를 이어 가다가 뜻한 바대로 조심스럽게 건의문에 대한 이야기를 꺼냈습니다. 솔직한 제 입장에 따라 일방적인 설득의 말도 하였습니다. 학교 사정에 대한 양해도 구했습니다. 다행히 평소 아이와의 인간적인 사귐으로 양해를 구하는 데 성공했습니다. 그러니 학교 목사라는 제 입장으로서는 잘 설득하여 무마시킨 것으로, 건의문 사건은 일단락되었습니다.

이 일은 잘 마무리되었지만 이 일을 접하면서 많은 고민을 해 보았습니다. 종교교육의 현장은 많은 어려움을 안고 있습니다. 제가 알기로 학교 목사라는 제 자리를 부러워하고 이런 자리에 이르기를 소망하는 이들이 참 많습니다. 그러나 실제 학교 목사의 자리는 마음고생이 이만저만이 아닙니다.

제가 이 건의문을 접할 때는 서울 대광고등학교 학생회장 강의석 군 사건으로 불거진 종교의 자유와 학생 인권 문제에 대한 논란이 증폭되고 있었습니다. 몇 년 전엔 많은 분들이 사립학교 법 재개정에 반대하는 삭발식과 금식기도를 한다고 보도된 것을 보았습니다. 그런데도 사립학교법 재개정에 대한 국민정서나 정치권의 반응은 냉담했습니다. 그 이유는 무엇일까요? 사립학교가 우리 사회에 대한 공헌 못지않게 과실이 많이 드러나면서 사립학교에 대한 부정적인 정서가 많기에 그런 것 같았습니다. 그래도 우리 기독교(개신교) 사립은 괜찮을 것으로 알았는데, 최근 기독교 사학들의 부정과 비리가 연이어 보도되면서 기독교 사학에 대한 이미지도 좋지만은 않은 것 같습니다.

사실 일부이겠지만 기독교 사립학교 중, 독선적인 운영과 비리가 밝혀진 경우가 많았습니다. 족벌 운영, 세습은 기본이었습니다. 몇몇 학교에서는 신규 교직원 채용 시, 일정액의 학교 발전기금이라는 명목으로 거액의 대가성 돈을 받았거나 받고 있다는 것은 공공연한 비밀입니다. 그러니 채용된 교사도, 돈을 받은 분들도 기독교학교라는 이름을 부끄럽게 하는 사람들일 것입니다. 더욱이 채용된 교사들은 '참되거라, 바르거라' 하고 가르쳐야 하는 교직의 첫 출발을 아무에게도 말하기 어려운 부끄러움으로 시작해야만 합니다. 정말 이런 일들은 극히 일부의 일이겠지만 없어져야만 합니다.

우리 기독교학교는 대부분 교직원 채용 시, 응시자격을 세례교인으로 제한합니다. 그런데 학교 운영금은 전적으로 국가에 의존하고, 재단전입금이라고 해 봐야 얼마 되지 않습니다. 재단의 친인척이거나 유력한 목사와 장로의 자녀는 마치 신라시대의 골품 제도처럼 우대를 받아, 낙하산 인사로 특채되기도 합니다.

친구 목사는 이런 말을 한 적이 있습니다.

"너에게는 미안한 말인데 기독교 사립학교 못 믿겠어. 내가 아는 몇몇 기독교 사립학교는 교사 채용 시, 투명한 절차를 밟지 않고, 학교운영도 불투명하게 운영해. 내 자식은 검증된 교사 임용시험을 거친 공립학교에 보낼 거야."

참으로 안타까운 말이었습니다. 이렇듯 우리 기독교학교가 도덕적으로 사회적인 공신력을 갖지 못하는 한, 우리 기독교학교 교육은 참으로 어려워질 것입니다.

종교의 자유에 대한 제 입장은 조심스러울 수밖에 없습니다. 누구나 자기 입장에서 말하게 되고, 글을 쓰게 되고, 의견을 내게 되나 봅니다. 때로는 자신의 본심을 감추게도 되고, 원치 않는 공범이 되기도 하고, 적정선의 합리화를 활용하기도 하나 봅니다. 저는 학교 목사라는 입장에서, 나름대로 고민하며 여러 가지 방법을 진행해 나가고 있습니다.

종교 수업 시간에 종교 교과서를 많이 활용하지 않습니다. 사실 종교 교과서는 공교육의 틀을 맞추다 보니, 궁여지책으로 만들다 보니 교양으로서 종교의 틀에 기독교 내용이 들어간 '따로 국밥' 같은 이상한 꼴입니다. 이럴 수밖에 없는 현실은 종교 교과서도 교육청의 검인정을 받아야만 하기 때문입니다. 그러다 보니 속된 표현으로 이것도 아니고, 저것도 아닌 모호한 형태로 나온 것입니다. 이를 활용해야 하는 종교교육 최전방에 선 저로서는 종교 교과서에서 필요한 부분 정도만 가르치고, 그 이외엔 다양한 문화매체를 통한 방식으로 수업을 진행해 나가고 있습니다.

수업방식으로 놀이도 하고, 게임도 하고, 생명과 환경이야기, 문학과 영화 이야기도 합니다. 때로는 제 전공을 활용하려고 기독교사회

윤리의 주제가 될 만한 것들이 담긴 동영상 자료와 방송영상자료와 영화 등을 보여 주고 이에 대한 토의학습도 합니다. 그러니 제가 진행하는 종교 수업은 교회에서 하는 공과공부와는 많이 다릅니다. 교회생활에 열심인 교직원이나 학생들은 저의 이런 방식에 불만일 수도 있을 것입니다. "학교 종교교육의 궁극적인 목적이 학원복음화인데 왜 그렇게 하느냐,"고 야단하실 수 있을 것입니다. 또한 교회를 다니지 않는 학생들은 아무리 그래 봐야 목사가 진행하는 수업이니 은근히 교회 냄새를 풍길 수밖에 없다고 싫어할 것입니다. 이러한 입장들을 생각하면, '외줄 타기' 하는 심정입니다. 그러나 저는 이렇게 하는 것이 다종교 상황, 공교육의 틀에서 종교수업을 할 수밖에 없는 입장에선 최선은 아니지만 차선책은 되는 길이라고 생각합니다.

다행히 이렇게 진행하는 종교 수업에 대하여, 여호와의 증인이나 원불교나 가톨릭 신부가 꿈인 학생 등 저와 다른 신앙의 학생들이나 제도권 종교로 분류되기를 꺼리는 종교인(저는 불신자라는 말은 어감상 매우 배타적이고 호전적인 것 같다는 생각을 해 봅니다. 아울러 저는 사람은 모두가 종교적일 수밖에 없다고 생각합니다.) 아이도 잘 따라 줍니다.

국어와 종교 교과를 맡아 가르칩니다. 제가 가르치는 국어는 학급당 수업시수가 주당 4~5시간으로 지필 평가(중간, 기말고사), 수행평가로 선생으로 아이들을 이끌어 나갈 결정적 수단으로서 주요과목 성적이라는 중요성이 수업하기에 수월한 조건으로 작용합니다. 이에 반해 종교는 주당 1시간에 성적에 반영이 안 되니, 아이들을 수월하게 이끌어 나가는 데 어려움이 많습니다.

그러나 생각을 바꾸면 종교시간만큼 좋은 시간이 없습니다. 공부에 지친 아이들이 이 시간만이라도 성적이라는 굴레에서 벗어날 수 있습니다. 자신의 삶을 진지하게 고민해 보고, 이야기해 볼 수도 있습니다. 그야말로 선생과 아이들이 맘 편히 함께 어우러지는 시간일 수 있습니다. 그런 점에서도 종교수업 시간은 다른 시간과 다르게 진행해 나갈 필요가 있다고 생각합니다.

종교의 자유! 현행교육법상으로, 중학교는 의무교육입니다. 그러므로 우리 지역에 사는 아이는 누구든지 중학교를 우리 학교에서 다녀야만 합니다. 우리 학교는 기독교 이념에 따라 설립되고 운영하는 학교로, 전 교직원과 전교생에게 예배와 종교 수업, 종교행사를 강요합니다. 그 중심에 바로 학교 목사인 제가 서 있습니다.

학교 목사의 역할을 학교 복음화의 헌신자로 최전선에서 복음 들고 나가야 하는 전사(戰士)로 규정한다면, 이런 자기정체성으로 최선을 다해 복음 증거의 일꾼이 되어야 한다고 생각하면, 한 가지 목에 가시처럼 걸리는 자기 모순의 아픔이 있음을 생각해 봅니다. 그것은 '지금의 공교육의 틀에서, 평준화와 의무교육의 현실 앞에서 과연 이러한 논리가 타당한가?' 하는 문제입니다. 만약 학교 목사인 제 자식들이 자라서 지역 학교에 가야 한다는 규정 때문에 다른 종교재단 학교에 간다면 그 학교의 종교적 행위(미사, 예불 등)에 따라야 하고, 수업을 들어야 하고, 행사에 강제로 참여해야 합니다. 이때 제 아이가 자신의 신앙관으로 이를 불편해 하고 그에 대해 저항한다면 저는 제 아이에게 뭐라고 말해야 할까요? 아마 제 아이의 신앙의 양심이 옳다고 생각하여 자랑스러워할 것 같습니다.

그렇다면 마찬가지 논리로 입장을 바꿔 생각해 볼 수 있지 않을까요? 우리 학교에 다니는 다른 종교적인 배경을 가진 학생들을 인정하지 않고 강제로 예배에 참석하게 하고 종교수업을, 교리를 주입하는 방식으로 한다면 다른 종교의 학생들과 그 부모들의 마음은 어떨까요? 아마 저를 그리스도의 사랑을 실천하는 종교인이 아니라 매우 무서운 사람으로 생각하며 불편해할 것입니다. 그러기에 조심스럽게 '역지사지'(易地思之)라는 말을 떠올려 봅니다. 이런 발언을 다른 사람도 아닌 학교 목사가 한다고 사명감이 부족한 사람 취급하실지, 믿음이 부족한 사람으로 여기실지, 어떻게 목사가 되었는지 모르겠다고 하실지, 더군다나 종교다원주의자로 몰릴지, 신학이 의심스럽다고 하실지 두려움이 앞섭니다. 솔직히 이 글이 어떻게 읽힐지도 두렵습니다.

사실 저는 그다지 진보적인 신앙관을 갖고 있지 않습니다. 저는 외조모님으로부터 이어오는 3대에 걸친 신앙인으로 전형적인 보수적인 신앙관으로 자랐습니다. 그런 제가 기독교학교 목사로 어언 10년을 보내면서 늘 고민하는 난제가 바로 '종교교육, 어떻게 할 것인가?' 하는 것입니다.

저는 '우리 기독교가 좀 더 성숙한 자세를 취하면 어떨까?' 하는 생각을 해 봅니다. 좀 더 열린 마음으로, 그리스도의 사랑으로 종교교육을 해야 한다고 생각합니다. 우리는 분명 다종교 상황에서, 공교육의 틀에서 종교교육을 해야 합니다.

건의문을 쓴 임 환은 이런 말도 하였습니다.

"우리 학교는 매일 아침 기도시간으로 찬송가나 CCM을 들려 주고 좋은 예화를 들려 주면서 기도합니다. 매주 수요일엔 방송실에서 실황중계로 20분간 예배를 진행합니다. 그리고 월례 예배를 합니다. 그리고 1년에 한 번은 교직원 신앙수련회와 학생 신앙수련회도 합니다. 매주 종교수업 시간도 있습니다. 여기까지도 참기 힘든데, 몇 분의 선생님들은 수업 시간에 기도를 강요하시고 기독교 아이와 아닌 아이를 구분해서 차별하시고 때로는 수업과는 전혀 상관없는 자신만의 신앙 체험을 20~30분간 늘어 놓으십니다. 그럴 땐 정말 짜증이 납니다. 같은 신앙을 가진 학생들은 감동을 받고 애교심이 생기겠지만 다른 신앙관을 가진 저와 같은 학생들에게는 참기 어려운 불편입니다.”

우리가 다른 종교인들을 고려하지 않고 우리의 신앙을 강조할 뿐만 아니라 때를 얻든지 못 얻든지 열심히 우리의 주관적 신앙관을 주입하려고 하는 것은 어쩌면 우리가 사랑해야 할 형제와 자매를 사랑하기는커녕 오히려 괴롭히는 것은 아닐까 하는 생각을 해 보았습니다.

저는 번잡한 지하철역이나 지하철 안에서 고래고래 소리를 지르며 기독교의 복음을 전하는 이들을 보면서, 그 용기와 열정을 보며 감동을 받고 저 자신의 부족을 부끄러워하는 마음이 생기기보다는, 오히려 효과적이지 않은 일방적인 방식을 보면서 눈살이 찌푸려집니다. 저런 용기와 열정을 넘어, 다른 사람을 배려하는 성숙한 지혜가 있으면 얼마나 좋을까 하는 생각을 합니다.

오늘 우리의 종교교육도 공교육의 현실 속에서 좀 더 성숙한 자세로 교육적 이상을 수행해 나가면 좋겠다는 생각을 해 봅니다.

제2부
우리 교육, 무엇이 문제일까요

교사가 갖춰야 할 윤리

　오늘 우리의 교육현장은 심각한 지경에 이르렀습니다. 연이어 터지는 교육계의 비리가 개그 프로그램의 소재가 될 지경입니다. 급기야 대통령이 교육문제의 해결을 국정의 중점 과제로 삼겠다고 선언하였습니다. 이와 함께 올해 전면 실시 중인 교원능력개발평가 문제로 교육계는 더욱 혼란을 겪고 있습니다.

　우리 사회의 교권 침해는 어제오늘의 문제가 아닙니다. 최근 들어 교권 침해 사건이 속출하고 있습니다. 선생이 잘못을 저지른 아이에게 체벌을 했다고 해서 학부모가 학교에 와서 학생들 앞에서 선생에게 폭언을 하고, 심지어 멱살을 잡는 사건도 벌어지곤 합니다. 어떤 아이는 자신에게 훈계하는 교사를 휴대전화기로 경찰에 고발하고, 경찰은 교장선생님의 허락 없이 교사를 수업 도중에 경찰서로 연행하는 일도 있었습니다.

　또한 아직도 교사가 이런저런 구실을 붙여 학부모에게 향응이나 금품을 강요한다는 불미스러운 소문들이 사람들의 입에 오르내리곤 합니다. 얼마 전에는 의과대학 교수와 학교장이 뇌물수수 의혹을 받고는 조사 도중에 자살한 사건이 보도되었습니다. 오늘의 현실은 그 야말로 교육의 총체적인 위기라고 말해도 지나치지 않을 지경입니다.

오늘날 선생은 이전의 세대보다 우수한 인재들이라고 말할 수 있습니다. 그러나 요즘 선생 되기가 '하늘에서 별 따기'라고 할 정도로 교직의 인기가 치솟았지만, 정작 선생을 지망하는 동기는 사명감보다는 교직이 주는 경제적이고 안정적인 측면이 강한 듯합니다. 즉, 교직을 선호하는 동기나 자세에 교직윤리에 대한 의식이 결여되어 있다는 것이 가장 큰 문제입니다. 교직은 그 어떤 직업인보다 높은 윤리의식을 요청 받습니다.

사람들이 교사를 신뢰하는 것은 교사가 높은 수준의 윤리의식을 가지고 있고 교사로서 직업윤리를 잘 지킴에 있을 것입니다. 사람들이 종사하는 직업 가운데 사람의 몸을 주로 다루는 의사가 있는가 하면, 그 마음을 대상으로 하는 교직이 있습니다. 그러기에 교사는 사람을, 특히 사람의 마음을 대상으로 한다는 점에서 자부심과 함께 신중한 자세가 요구되고, 사람을 대상으로 하기에 남다른 자세가 필요합니다. 이 점에서 소명과 헌신이 바로 교사의 덕목일 것입니다.

소명(召命)은 누군가의 부름을 받아 그 역할에 임함을 말합니다. 이러한 부름의 의미를 하늘의 부르심으로 알고 그에 순복(順服)하면서 성심을 다해야 합니다. 교단에 서는 교사의 일은 고통스러운 일이 될 수도 있고, 기쁨이 될 수도 있습니다. 의무감에 못 이겨 맡겨진 하루의 일을 기계적으로 되풀이함으로써, 그저 먹고살기 위한 호구지책으로 삼는다면 그것은 분명 불행한 일일 것입니다. 그저 월급날만 기다리면서 시간을 때우기만 하는 짜증스럽고 지루한 일일 것입니다. 그러나 교사가 맡겨진 여린 생명의 성장을 도움으로 그 가능성을 개발하고 이를 통해 인재를 길러 내고, 우리 겨레의 발전에 기여한다는 소명감에 찬 신념을 가진다면, 분명 그의 일은 고역을 넘어서는 희열에 찬 환희를 맛볼 것입니다. 자신이 하는 일에 대한 신념은 소명감에서 나옵니다.

주어진 일이 단순한 노동이 아니라 소명이 되려면 일에 대한 헌신적인 자세가 필요합니다. 소명에 찬 교사는 주어진 일에 열정적으로 임하고, 자신을 내던지는 결단이 있어야 합니다. 그렇게 되기 위해서 교사는 가르치는 일 자체에서 기쁨과 보람과 의미를 찾고 느낄 수 있어야 합니다. 어떤 일의 결과로서 주어지는 보상에 관심을 갖는 것이 아니라, 그 일 자체에 관심을 가져야만 합니다. 교사는 물질이나 기계를 대상으로 일하는 것이 아니라 생동하는, 성숙해 가는 과정에 있는 사람을 대상으로 합니다. 그러기에 교사는 단순한 지식과 기술을 전수하는 것이 아니라 도덕성을 지닌 성숙한 모델의 역할을 수행해야만 할 것입니다.

교육이란 사람을 가르쳐 사람을 만드는 일로서 개인적인 입장에서 볼 때는 개인의 능력과 자질 그리고 도덕적 품성을 형성하는 일이며, 사회적 입장에서 볼 때는 민주시민 혹은 국민의 생산력과 도덕적 자질을 만드는 일입니다. 그러기에 교사는 개인의 일생은 물론 사회와 국가의 미래에 중요한 영향을 미치는 사람입니다. 그러므로 교사는 다른 어떤 직종의 사람들보다도 높은 윤리의식이 요구됩니다. 교육이 무너지면 우리 사회의 미래도 없습니다. 우리의 미래를 책임지는 것으로 교육을 대신할 것은 없습니다.

교육은 단기간에 성과물을 내는 경제적인 시장논리와는 다릅니다. 장기적인 안목으로, 콩나물에 물 주듯이 오랜 시간 정성을 다해 진심

어린 사랑을 다할 때, 비로소 참가치를 구현해 내는 사람을 길러 낼 수 있습니다. 이러한 귀한 소명의 부름에 응답하는 것이기에 교직(敎職)은 성직(聖職)과도 같은 것입니다.

저는 교단에서 하루가 다르게 성숙해 가는 참된 생명을 보고 싶습니다. 그 속에서 저를 찾고, 저를 내던지는 소명의 삶으로 나아가고 싶습니다. 옛사람들은 스승을 '유리 항아리'(氷壺)라고 불렀다고 합니다. 유리항아리 속에는 아무것도 들어 있지 않습니다. 스승은 그저 아무것도 없음을 조용히 보여 주기만 하면 되었습니다. 그렇지만 눈 밝은 제자들은 그 빈 항아리에서 모든 것을 볼 수 있었습니다.

저는 그저 좋은, 훌륭한 스승은 못 되더라도 아이들에게 있는 모습 그대로 꾸밈없이 드러내는 선생이고 싶습니다. 못난 모습도, 좌충우돌 실수투성이인 미숙한 사람됨을 그대로 드러내며 살렵니다. 아이들과 목사, 선생, 나이 그런 것 다 벗어 버리고 사귐을 갖고 싶습니다. 마치 진리를 찾아 함께하는 도반(道伴)처럼, 친구처럼요.

앞으로도 아이들과 함께하고 싶어요

　제가 초등학교 때인가 아주 감명 깊게 본 이솝 우화 중에 '개미와 베짱이' 이야기가 있습니다. 여름에 열심히 일한 개미는 겨울에 편히 쉬면서 살고, 노래만 부르던 베짱이는 겨울에 걸식을 한다는 내용입니다. 제가 이 이야기를 배울 때는 '개미의 성실, 베짱이의 게으름'이라는 교훈으로 누구나 받아들였습니다. 그러나 오늘날은 좀 다른 것 같습니다. 바로 지금 여기를 중시하는 새로운 세대들은 여름 내내 일을 했던 개미보다는 자신의 인생을 적절히 즐기며 사는 베짱이를 더 선호하는 듯합니다. 아이들은 베짱이가 게으름으로 말미암아 겨울에 걸식하게 되는 이야기에 대하여 오늘에 맞게 재해석합니다. 베짱이는 노래를 잘 불러 인기가수가 되어 히트하면 CD가 잘 팔려서 돈을 개미보다 훨씬 많이 벌면서 자기가 좋아하는 일을 할 수 있다는 것입니다. 이렇듯 시대가 변함과 동시에 기성세대와 아이들은 하나의 이야기, 하나의 주제에서도 서로의 사고 구조가 너무나 판이함을 볼 수 있습니다.

　특히 오늘에 와서 아이들의 문화는 기성세대에게 그야말로 충격으로 다가옵니다. 아이들은 자기만족, 자기개발, 자기감정 중심, 희박해진 가치관, 컴퓨터 등의 전자기계와 가깝고, 공동체의 구속력보다는 개인생활과 시간 관리에 철저한 특징을 보여 주고 있습니다. 우리나라의 민주화 과정에 지대한 공헌을 해 온 대학생들의 모습도 이제는 취업 준비나 미팅 등의 현실적, 감각적, 개인주의적 가치 중심으로 바뀌었습니다. 이들의 사고 구조는 일관성이 부족하고 이율배반적인 경우가 많습니다. 아마도 특정한 철학이나 윤리 의식에 근거하기보다는 다양한 문화 행위나 일상적인 생활방식에 근거하고 있기 때문일 것입니다.

기성세대가 가난의 굴레 속에 오랫동안 매어 있었던 과거를 지니고 있음에 반해, 아이들은 가난의 경험보다는 풍요의 열매를 따 먹으며 살아왔기 때문에 소비문화에 대단히 익숙해져 있습니다. 기성세대가 산업사회 시대를 도입하고 정착시킴으로써 우리 사회를 가난에서 벗어나게 하였지만 아이들은 대중문화의 폭발적 신장에서 비롯된 감각문화에 익숙하고, 된장찌개보다는 간편한 인스턴트식품을 즐기면서 자란 세대입니다. 즉, 이른바 후기 산업사회의 문화를 향유하면서 성장한 세대입니다.

또한 아이들은 컴퓨터의 생활화에 따른 사이버 공간과 영상 체계들의 복합이 이루어 낸 멀티미디어에 익숙한 세대입니다. 이에 반해 기성세대는 대부분의 문화가 영상보다는 인쇄매체를 통한 문자 문화에 더 많은 공감을 표시하는 세대입니다. 활자 세대는 노동을 최상의 가치로 생각하는 반면에, 영상세대는 여가를 생활의 중심으로 삼는다고 합니다. 또한 활자세대에게는 그들의 사고나 가치를 지배하는 중심적인 논리나 이데올로기가 있어서 그에 따라 행동을 결정하는 반면에, 영상세대는 대중매체에 의해 주어지는 것을 무비판적으로 수용하여 감정에 따라 행동을 결정한다고 합니다. 그래서 활자세대는 인간관계에 있어서도 일의 능력에 따라 서열이 주어지는 수직적 관계가 형성되는 반면에, 영상세대는 각자의 개성을 중시하는 수평적 인간관계가 형성된다고 합니다.

이것은 놀이문화에서도 분명하게 드러납니다. 대부분의 기성세대가 구슬치기나 딱지치기, 술래잡기 등 직접적인 면대면(面對面) 놀이를 하면서 활동하는 놀이문화를 즐긴 반면, 오늘날 신세대는 이런 것보다는 전자오락이나 컴퓨터 게임 그리고 PC통신 등 가상공간에서 상대방과 직접 대면하지 않고 즐기는 놀이에 더 익숙합니다.

만나기만 하면 서로 싸우는 사람들이 있습니다. 이런 사람을 가리켜 개와 고양이 사이라고 말합니다. 개와 고양이는 왜 만나면 싸울까요? 그것은 서로의 감정표현이 다르기 때문입니다. 개는 기분이 좋을 때 꼬리를 치켜들고 살랑살랑 흔들어댑니다. 그러다가도 기분이 나쁘게 되면 꼬리를 축 내립니다.

고양이는 그 반대입니다. 기분이 좋으면 꼬리를 축 내리고, 화가 나면 꼬리를 먼저 쑥 올립니다. 그러다 보니 개와 고양이는 만나기만 하면 싸울 수밖에 없습니다. 개는 반갑다는 뜻으로 꼬리를 흔들고 있는데, 그것을 보는 고양이는 '저 녀석이 나를 보더니 기분 나빠 하네' 하며 개와는 다른 뜻으로 받아들입니다. 반대로 고양이가 개를 보고서 반갑다는 뜻으로 꼬리를 편안하게 아래로 늘어뜨리면 개는 개대로 그 반대의 생각을 합니다.

바로 이 개와 고양이의 소통의 어려움이 오늘 우리 교육의 선생과 아이들의 모습이 아닐까 싶습니다. 제 나이가 42세이고, 제가 가르치

는 아이들이 14~16세이니 생물학적인 나이로는 두 배가 넘는 거리
감이 느껴집니다. 이제 선생이 된 지 10년으로 그런대로 아이들을 좀
알 것 같은데 알면 알수록 모르겠는 것이 아이들의 마음입니다. 이건
그야말로 백인백색(百人百色)으로 제각각입니다. "열 길 물속은 알아
도 한 길 사람 속은 모른다"는 속담이 이런 경우를 두고 하는 말일
것 같습니다. 매일 학교에서 6~7시간을 마주 대하는 아이들이 빚어내
는 거대한 문화적 충격에 휩싸여 드는 듯하여, 곤혹을 치르곤 합니다.

이른바 우리 아이들은 새로운 세대 즉, '신세대'입니다. 그런 점에
서 이미 저는 구세대, 쉰 세대인 기성세대입니다. 저와 같은 세대에게
아이들의 첫인상과 그 이미지는 다분히 부정적입니다. 그저 아무렇게
나 무책임하게 사는 듯하고, 불량스럽게 보이는 아이들의 돌출적인
형태가 떠오르기 때문입니다.

그러나 기성세대가 일방적으로 그어 놓은 테두리 안에, 기성세대
가 일방적으로 규정한 그런 아이들은 존재하지 않습니다. 아이들은
그보다 훨씬 풍부하고 다양합니다. 아이들은 접근 불능의 유별난 집
단도, 어느 날 하늘에서 뚝 떨어진 존재도 아닙니다. 바로 기성세대가
살아온 과정 속에서 성장한 이들일 뿐입니다. 아이들의 의식구조는
지나칠 정도로 개인주의 혹은 이기주의적 경향을 띠는 건 사실입니
다. 이러한 모습은 면대면의 깊은 인간관계와 공동체를 중시하는 삶
의 양식에 익숙해 온 전통적 가치관과 일정한 대립관계를 형성하는
것으로 드러납니다.

저는 아이들을 어떻게 보느냐가 참 중요하다고 봅니다. 아이들의
의식구조를 부정적으로 보기 시작하면 끝도 없습니다. 그런데 이를
가만히 들여다보면 기성세대의 시각에서 재단하고, 평가하고 규정지

은 이야기들인 경우가 많습니다.

오늘 저는 아이들보다 나이로는 두 배가 넘는 '노땅'이지만 부단히 아이들과 어우러지고 싶습니다. 아이들에게서 풋풋한 변화를 발견하고 싶고, 이미 규정지어진 틀이 아닌 새로운 가능성을 바라보고 싶습니다. 그 안에서 저를 발견하고 저를 만들어 가고 싶습니다.

사실 이렇게 하지 않으면 저는 아이들에게서 멀어져만 갈 것입니다. 아니 아이들에게서 버림받는 신세로 전락하고 말 것입니다. 아이들이 제게서 부단히 사회화를 위한 기존 지식을 습득해 나가듯, 저는 아이들의 세계로 가쁜 숨을 몰아쉬면서 따라가야 합니다. 아이들과 접촉점을 찾아가는 몸부림만이 지금까지 해 온 교직보다 두 배는 더 남은 세월을 건강하게 보낼 것 같습니다. 점점 제 나이가 들어갈수록 아이들과의 거리감은 커져만 갈 것입니다만, 그에 맞서 아이들과 함께하기 위한 저의 몸부림은 처절하리만치 치열할 것입니다. 이런 제 노력이 미흡하더라도 좀 귀엽게 봐주기만을 바랍니다.

진정한 교사의 길은요

지난 4월 한 달간의 교생실습을 마치고 떠난 어느 교생분과 이메일을 주고받았습니다. 기독교 신앙인으로 주어진 학업과 교회 봉사에 열심이고 성품이 겸손해서 배울 점이 많았습니다. 어느 날 학교에서 교생실습 후기를 발표하게 되었다면서 저에게 글에 대한 교정을 부탁해 왔습니다. 좀 바쁜 나날이었지만 겸손하게 부탁하는 바람에 교정해 주면서 조금 고쳐 나가면 좋을 것 같다고 첨삭하다 보니 제 글인가 싶어졌습니다.

교육실습 실습 사례 소감문

안녕하십니까? 저는 이번에 교육실습 실천사례를 발표하게 된 이선정(가명)입니다. 발표에 앞서 금년 교육실습을 아무 탈 없이 잘 마치고 돌아올 수 있도록 지도와 배려를 아끼지 않으신 교장, 교감선생님과 연구부장 선생님을 비롯하여 실습 학교의 모든 선생님께 실습생을 대표하여 머리 숙여 깊은 감사의 말씀을 드립니다. 4주간의 짧은 기간이었지만, 약 3년 동안 대학에서 배워 온 지식들을 학생들이 있는 실제 현장에서 적용하면서 나름대로 가지고 있었던 교육관이 한층 새롭게 다듬어지고, 더욱더 확고한 교사관을 정립할 수 있었습니다. 뜻 깊었던 4주 동안, 제가 느끼고 깨달은 바를 말씀드릴 텐데, 혹 제가 잘못 이해하거나 부족한 점이 있더라도 양해해 주시고 들어주시면 감사하겠습니다.

제가 교생실습을 다녀온 학교는 익산시 황등면 소재의 황등중학교입니다. 이 학교는 1961년 4월 4일 개교하여 오늘에 이르는 기독교 사립학교입니다. 규모로는 각 학년별로 두 학급씩 총 학생 수 147명, 교직원 수 총 19명으로 작은 농촌 학교이지만 알찬 학교를 만들고자 아침 무료 영재학습과 방과 후 자율학습, 야간 꿈나무 공부방을 운영하고, 매일 아침독서, 아침 명상(기도회)과 불우이웃돕기와 다양한 봉사활동을 통해 학력신장과 인성교육이 어우러지는 교육을 위해 힘쓰고 있는 학교입니다.

저도 농촌 중학교 출신이기에, 시내의 중고등학생들보다는 외곽지역의 소규모 학교에서 공부하고 있는 학생들을 더 만나고 싶었습니다. 그래서 찾게 된 제 모교와 비슷한 규모인 황등중학교는, 저의 순박했던 중학교 시절의 아름다운 꿈과 추억들을 떠올려 주기도 하였습니다.

한 번뿐인 교생실습을 앞두고, 학생들과 선생님들을 직접 만날 수 있는 교육 현장으로 간다는 것은 기다려지는 일이었지만, 새로운 환경에의 적응, 예전과는 많이 달라졌을 현 학생들의 모습과 그들의 가치관, 교생으로서 모든 부분에서 최선을 다하여 좋은 모습을 보여야만 한다는 생각들은 부담스럽기도 했습니다. 그러나 예비교사로서 저를 점검하며 많은 것들을 배울 수 있는 좋은 기회임이 분명하고, 우리의 미래를 짊어지고 나아갈 꿈나무들을 꼭 만나고 싶은 마음에 부담감보다는 기대감과 설렘이 더 컸습니다.

실습을 시작한 며칠은 교장선생님, 교감선생님 이하 몇 선생님들과 함께 실습과 황등중학교의 모습에 대한 이해를 위한 오리엔테이션 시간을 가졌습니다. 학교에 대한 소개 및 교육현장, 실습생으로서 지켜야 할 사항과 자세, 새롭게 도입되는 교원능력개발평가제에 관련된 정보들도 확인할 수 있었습니다. 무엇보다 제 학창시절과 비교해 볼 때 현 학교의 시설, 기자재, 급식, 학급당 학생 수 감소를 보면서 교육현장이 옛날에 비해서 많이 개선된 것을 느꼈고, 그런 환경에서 공부하는 아이들이 부럽기까지 하였습니다.

이어서 적응 기간을 거치면서 담임선생님과 교과 선생님을 따라다니며 가장 먼저 인상 깊이 와닿았던 것은 학생들을 지도하는 선생님들의 노련함이었습니다. 저는 처음 아이들을 만났을 때, 빨리 친해지고 싶은 마음과 아이들에게 잘 보이기 위해 많은 노력을 했습니다. 그러나 지도하시는 선생님들의 모습을 보면서 아이들에게 친근감을 주어 서로의 벽을 허무는 것도 중요하지만, 상황에 따라서는 선생님의 권위가 세워지도록 만드는 것도 꼭 필요하다는 것을 알게 되었습니다.

선생님으로서 아이들에게 사랑을 표현하는 방법은 단 한 가지만 있는 것이 아니었습니다. 사랑하는 마음에 마냥 잘 대해 주고 항상 웃음만 띄는 것은 아마도 저 같은 예비교사가 하는 지도방법이었고, 혼을 내고 따끔하게 권위를 사용해야 할 때는 엄하게 하는 것 또한 사랑의 표현이라는 것을 알게 되었습니다. 교내 여러 교실을 참관하면서 보니, 선생님의 리더십에 따라 각 반의 수업 분위기가 달라지는 것을 보면서 좋은 교사는 웃음과 엄격함을 동시에 지녀야만 하겠다는 것을 배웠습니다.

이렇게 첫 주가 지나고 실습에도 적응이 되면서, 자연히 아이들과도 더 친밀해지고, 특히 제가 담임을 맡은 아이들을 점점 세심하게 파악할 수 있었습니다. 아이들의 생각을 듣고, 행동을 보면서 느낀 것은 선생님들의 각별한 관심이 필요한 아이들이 꽤 많다는 점이었습니다. 어쩌면 그것은 우리 사회 전반으로 점점 심각해지고 있는 가정 문제와 밀접한 관련이 있다고 생각되었습니다.

사실, 제가 실습하는 반에도 한 부모 가정에서 자라고 있는 아이들이 많았습니다. 모두가 다 그런 것은 아니지만, 이런 가정환경에서 자란 아이들이 지니는 마음의 상처는 청소년 아이들을 비행의 길로 이끌 수 있는 가장 큰 위험요인 중, 하나라는 것은 모두가 아는 사실입니다. 이러한 세심한 가정의 문제까지 고려해야 하니, 정말 선생님들의 어깨가 많이 무거워질 것 같았습니다. 하지만 아이들 하나하나의 사정을 아시고 노련하게 지도하시고, 상담하시는 일선에 계신 선생님들을 보면서 상담기법은 교사로서 필수로 배워야 할 기술이란 것을 느꼈으며, 또한 그처럼 모든 방면으로 팔방미인이신 선생님들이 너무도 존경스러웠습니다.

2주간의 학교 적응 및 참관 수업을 마치고 3주째부터 본격적으로 수업에 참여하였습니다. 교과 선생님께서 뒤에서 지켜보고 계셔서인지 밤새 준비해 온 학습지도안 내용이 기억나지 않고, 말소리가 떨리는 것은 어쩔 수가 없었습니다. 하지만 하나같이 초롱초롱 호기심 가득한 눈빛으로 무엇인가를 갈망하는 그 학생들을 보니 저 또한 힘이 났으며, 교사의 매력은 바로 이런 아이들의 눈빛을 바라볼 수 있다는 것이 아닐까 하는 생각이 들었습니다. 그리고 교장선생님께서 저희에게 특별히 당부하신 것이 있었는데, 바로 4주 동안의 각 교과목의 지식전달도 중요하지만 아이들에게 왜 공부를 해야 하는지에 대한 동기부여였습니다.

저는 영어 교생으로서, 매일 실시되는 영어단어시험에 지쳐 있는 아이들에게 제가 겪은 중학교 때의 이야기를 들려 주면서 누구나 그러한 고통과 인내의 과정을 거쳐야만 한다는 것 그리고 아이들이 좋아하고 또한 오래 기억될 수 있는 제가 겪은 외국생활 이야기를 들려 주면서 세계를 품는 한국인이 되기 위해 가장 기본적으로 영어실력과 모든 일에 성실하게 최선을 다하는 삶의 태도가 중요함을 강조하였습니다.

실습기간 중 가장 기억에 남는 것은 바로 1학년 1반에서 했던 연구수업이었습니다. 엄밀히 말씀드리자면 그 수업 시간뿐 아니라 그것을 준비한 시간까지도 포함되어야 할 것입니다. 초보인 제가 연구수업을 준비하는 데는 참으로 많은 시간이 걸렸습니다. 보통 일반 수업을 준비하는 것도 쉽지 않았는데, 특별히 교감선생님과 연구부장 선생님, 영어교과 선생님들과 8명의 교생 선생님들이 모두 지켜보는 가운데 해야 하는 수업인 만큼 부담이 컸던 것 같습니다.

저는 자료를 찾는 데 시간을 많이 할애하였는데, 배우는 교과 부분과 관련된 흥미로운 자료들을 찾는 것이 쉽지 않았습니다. 요즘 아이들의 관심사를 파악해야 하고, 수업 중간 중간에 집중력이 떨어질 때쯤 사용하려면, 자료와 교과 내용과의 자연스러운 연결도 고려해야만 했습니다. 뿐만 아니라 정보의 홍수라는 말처럼 방대한 양의 자료들 가운데 꼭 필요한 것을 선택하는 작업도 생각보다 시간이 걸렸습니다. 하지만 수업자료를 찾는 동안 현직 선생님들께서 이미 제작해 놓으신 다양한 자료들을 볼 수 있어서 좋았습니다. 이런 완벽에 가까운 많은 자료들을 보면서 감탄하지 않을 수 없었습니다. 현직 교사라는 위치에 안주하지 않고 끊임없이 더 좋은 교수법과 자료들을 위해 시간과 노력을 들이고 계시는 선생님들의 땀방울이 인터넷을 통해서 제게 고스란히 전달되는 느낌이었습니다.

얼마나 열심히 교과 연구를 했는지는 수업을 듣는 학생들과 선생님들이 그 시간을 통해서 거의 정확하게 알아차릴 수 있습니다. 이제는 교과를 지도함에 있어서 더욱 열성적으로 노력하고 연구하지 않으면, 아이들도 그것을 알아차릴 것이고, 뿐만 아니라 교원능력개발평가가 시행되는 등 학교 교육이 변화되어 가는 이때에 낙오자가 될 것이란 생각이 들었습니다.

마지막으로, 교육 실습을 하면서 아쉬웠던 점을 몇 가지 말씀 드리고자 합니다. 다른 학우들도 공감한 내용이었습니다. 수업시연을 통해 많은 것들을 배울 수 있었던 만큼, 학교의 선생님들께는 송구한 마음이 들지만 수업실습에 대한 기회를 조금 더 많이 주셨으면 합니다. 선생님들의 염려와 걱정은 잘 알지만 그 부분에 대해서는 수업 전에 수고스러우시더라도 수업에 대해 많은 검토와 조언을 해 주신다면 큰 문제는 없을 거라 생각합니다. 그리고 교과적인 부분 이외에도 생활지도, 학생상담, 학급경영 또한 예비교사인 저희에게 필요한 부분인 만큼 지도해 주시면 좋겠다는 생각을 했습니다. 물론 학교 커리큘럼 연구뿐 아니라 여러 가지 업무로 저희가 짐이 되는 것은 아닌지 걱정됩니다. 하지만 저희에게 좀 더 관심을 가져 주시고 그런 실제적인 부분도 가르쳐 주셨으면 좋겠습니다.

선생님들의 관심으로 후배 여러분은 더욱더 많은 것들을 배워서, 저희보다 더 성숙해진 모습으로 교육실습을 잘할 것으로 믿습니다. 부족하지만 저희를 받아 주시고 아낌없이 지도해 주신 일선에 계신 모든 선생님과 일일이 학교에 찾아오셔서 저희를 격려해 주시고 챙겨 주시며 교육 실습을 잘할 수 있도록 지도해 주신 교수님들께 다시 한 번 감사드립니다.

제 나름대로는 교정을 곁들여 문장과 원활한 글 전개를 위해 첨삭을 해 주고 나서 메일을 보냈습니다. 글 말미에 담긴 아쉬움에 대해 일선학교에 몸담으면서 해마다 교생실습을 지도하는 선생으로 미안함과 입장에 대한 이해를 구하는 글이었습니다. 이 글이 일선학교의 교생실습의 현실을 이해하는 데 도움이 될 듯합니다.

교생실습사례 후기를 발표하시게 됨을 축하드립니다. 늘 열심이신 모습이 보기 좋습니다. 교생실습에 임하신 게 엊그제 같은데 벌써 한 달이 지났습니다. 아쉬움, 실습 후기 말미에 아쉬움이라는 말씀, 저도 참 아쉬움이 많고, 송구한 점을 느낍니다. 그런데 학교 현장은 그게 좀 그렇습니다. 교생 실습이 한 달밖에 안 되니 성급하게 아이들 파악도 제대로 안 된 분에게 수업을 맡김이 좀 주저되는 게 사실입니다.

학교 현장은 설익은 교생, 검증 안 된 실습생에게 소중한 아이들을 맡기기엔 좀 어려움이 많습니다. 죄송한 말씀이지만 아이들이 교육실습을 위해서 교육받는 것이 아니니까요. 아이들은 제대로 된 교육을 받을 권리가 있습니다. 사실 샘같이 준비된 수업과 탁월한 진행으로 잘하시는 분은 좋으나, 그렇지 않은 경우가 많습니다. 그러니 같은 교생실습생들인데 수업하는 이와 아닌 이를 나누기도 어렵습니다. 수업이나 생활지도를 경험 삼아 배우는 것으로, 시행착오로 하는 건 아닌 듯합니다. 아이들도 평생 한 번인 학창시절을 최고의 선생은 아니더라도 가능한 한 갖춰진 분에게 배워야 하니까요. 그저 정들자 이별인 한 달간의 실습생 분들에게 이런저런 수업기법을 실험하듯 해 보는 것을 접해야 한다면 아이들의 학습권이 침해되는 듯합니다.

저는 교육실습이 한 달이란 것에 반대합니다. 교육이 얼마나 중요한 건데……. 저도 할 수 없이 실습생을 받지만 가능하면 실습생 지도는 안 하고 싶습니다. 아이들 학습 분위기를 잡아 놓는 과정인 새 학년 새 학기 시작하는 3월인데 3월말에 한 달간 진행되는 실습으로 학교 분위기가 흐트러지곤 합니다. 더욱이 학교 일정상 실습을 마치고 가시면 바로 중간고사라 좀 난감합니다. 이번에 저도 그랬습니다. 제가 시험 출제를 하고, 진도는 교과 교생 분이 하셨습니다. 저와 교육철학이 다른 경우 이를 맞춰 가거나 협의하기도 여의치 않습니다.

저는 교과 지식이라는 게 그저 지식전달만을 충실히 하는 건 아니라고 봅니다. 만일 그렇다면 정식으로 대학에서 국어교육으로 전공한 저보다 특수목적고인 외국어고등학교나 과학고등학교 아니, 서울대학교의 의대생이나 법대생이 저보다 국어를 훨씬 더 잘 가르칠 것입니다. 영어도 그렇지 않을까요. 제가 알기로 사교육이나 과외에서 영문과나 영어교육과생보다 이른바 명문대생들의 비전공자가 더 고액의 강사료를 받을 것입니다. 왜 그럴까요? 그저 교과지식, 학력신장만으로는 전공자가 굳이 필요하지 않을 것입니다. 그러나 저는 전공자에게, 자격증 소지자가 필요한 것은 교과를 보는 안목과 자기만의 교육철학이 있다고 봅니다.

저는 중학교 국어 교과서를 봐도 그저 참고서 보는 지식으로 가르치는 건 아니라고 생각합니다. 교과서에 나오는 문학작품의 배경과 그와 관련된 지식을 아우르는 전공의 깊이가 있어야 합니다. 사실 요즘은 좀 걱정입니다. 요즘 대학에서 복수전공으로는 국어 전공과목 성적과 상관없이 42학점을 이수만 해도 국어 정교사자격증이 나가고 21학점을 하면 국어 부전공 표시과목으로 나옵니다. 제가 대학 다닐 때도 저희 국어교육과에 불어교육, 교육학과, 일어교육, 가정교육과 등의 학생들이 와서는 국어교육 전공 심화하여 진행하려면 반대를 하였습니다. 쉽게 하고, 임용고사 위주로만 하자는 의견들을 내놓았 습니다. 그러다 보니 국어 전공 심화 교과목이 원래 20~40명 수강해 야 강의와 과제물 채점이 가능한데 200~300명이 들었습니다. 또한 국어교육과 아닌 다른 자기 전공과목이 폐강이거나 파행 운영되기도 했습니다. 이렇게 국어 정교사자격증 취득을 해서는 부족한 전공지식 을 임용고사에 맞게만 학원에서 채워 나갑니다. 그러니 전공 지식의 깊이는 많이 떨어질 수밖에 없습니다. 사정이 이와 같은 경우가 많은 데 교생 분들에게 더 많은 수업을 맡기기엔 주저됩니다.

그래요. 말씀대로 사전에 충실히 지도하고 검토하면 되지만 사실 학교현장은 4월이 엄청 바쁜 때입니다. 사실 전에는 귀교에서 5월에 교생실습을 보냈는데 임용고사 기간을 감안해서 부득이 3월 말에 오 셨습니다. 이게 가능한지 모르겠지만 임용고사 끝나고 교생실습 오면 좋겠습니다. 의대나 한의대 등에선 사람의 생명을 다루는 분야이기 에, 본과와 예과로 나누어 충실히 공부하고 나서 2년간 치열하게 실 습하는데, 실습 중이라고 함부로 환자를 볼 수는 없고 충실히 관찰하 고 배워 나가는 것으로 압니다. 그리고 6년제 대학을 졸업 후 국가고 사로 자격증 취득하고(교사 자격증은 무시험검정이지요.) 졸업 후 1 년간 인턴으로 충실히 경험을 쌓습니다. 의대 교수님들도 의사로 환 자 치료를 겸하십니다.

그런데 우리 사범대학 교수님들은 교사자격증도 없고, 교사 경험도 없는 경우가 대부분이십니다. 그러니 현장도 모르시면서, 교사 양성을 하십니다. 요즘은 교생실습 오시는 분들도 임용고사 준비하느라 실습을 대충 하려는 경향도 보입니다. 더러는 설익은 지식과 경험으로 그저 인터넷 뒤져서 보여 주기 위한 수업을 하십니다.

저는 우리나라 교사양성 제도에 문제가 있다고 봅니다. 마치 의사들의 인턴처럼 임용고사 합격생에게 교사자격증 주고 1년간 실습을 하는 게 나을 것 같습니다. 그저 사범대나 교직이수생이 한 달 실습하면 졸업과 동시에 주어지는 게 교사자격증이다 보니 이른바 '장롱면허'가 많습니다.

신학하는 이들도 신학대학원 나왔다고 바로 목사 안수 받고 목사가 되는 건 아닙니다. 전도사를 하고, 준목(강도사) 등의 수련과정을 2년 이상 거치고 나서 목사가 됩니다. 그러니 전공 학식으로는 석사 학위자입니다. 수련과정도 대학원 졸업 후, 최소한 2년 이상을 해야 합니다. 물론 신학대나 신학대학원 재학 시, 교육전도사로 경험을 쌓아 갑니다. 대개 신학대학이나 신학대학원 재학 중, 교육전도사에게 주일 예배 설교를 맡기는 교회는 거의 없습니다. 사실 교회학교 설교는 교육전도사들이 하는데 이건 큰 문제입니다. 설익은 것으로, 아이들을 무시하는 것입니다. 저는 교회도 교육전담 목사제를 두어야 한다고 봅니다.

그저 제 생각입니다. 수업 덜 맡긴 현장인으로 죄송한 마음에 핑계를 대 보는 것입니다. 요즘 제가 보기에 요즘 대학생들은 전공지식이나 교양수준이 많이 떨어집니다. 치열하게 배경지식을 습득한 지성인이 되어야 하는데 임용고사 준비들만 하는 것 같습니다. 그러다 보니 교사들이 우수한 듯하나 좀 그렇지 않은 듯합니다. 임용고사에 나오는 것 위주로만 공부하고는 정작 원전을 안 봅니다. 저희 국어교육도 그렇습니다. 고전문학을 가르치는데 원전 읽기 실력도 안 됩니다. 영어교육도 제대로 대문호로 추앙받는 셰익스피어와 같은 사람의 작품을 제대로 읽는 게 아니라 부분 발췌로만 보는 듯합니다.

제가 대학원 재학시절, 수업 발제 시간에 다른 사람의 글을 인용했는데 이에 대해 교수님으로부터 엄청나게 지적 받았습니다. 인용한 사람이 기본적인 이해도 없이 그저 짜깁기로 한 걸, 그대로 했다고요. 참고하고 인용하더라도 바른 것인지를 식별하는 튼실하게 쌓인 교양과 전공지식이 있어야 하고 시간이 걸리더라도 원전을 충실히 읽어야 한다고요. 발제자로서 제대로 전해야 하는데 그저 짜깁기로 한 것이라는 지적도요. 지금도 그때의 기억이 생생합니다.

사실요. 저도 국어 선생인데 우리말 구사력이 많이 부족합니다. 비문투성이임을 알기에 나름대로 글을 보고, 배우는 중입니다. 전공자라고, 교사자격증 소지자로 현직교사라고 다 아는 건 아니고 배워 가는 과정입니다.

저는 영어 선생도 우리말을 제대로 배워야 한다고 봅니다. 우리말로 가르치는 데 우리말의 기본도 모르면 우리말을 오염시키는 결과를 가져올 수도 있습니다. 목사님들도 그렇습니다. 저는 국어는 모든 교과가 필수로 배워야 한다고 봅니다. 아울러 상담도요. 교과지식 전달도 중요하지만 더 중요한 건 아이들 상담하고 생활지도 하는 것인데 그러려면 교육심리학 교과목을 더 충실히 해야 합니다. 선생으로 자신의 방어기제도 살펴보아야 합니다.

제가 졸업한 신학대학원에 입학할 때, MMPI를 꼭 해야 합니다. 실력은 있어도 정신적인 문제가 있다면 문제입니다. 현행 우리나라 교사양성을 위한 임용고사는 이런 제도적 장치가 무시되어 있습니다. 선생님들 중에서 정신적인 문제를 안고 있는 이들이 참 많습니다. 이게 아이들에게 얼마나 치명적인데요.

그저 제 생각입니다. 샘은 교수가 되시기를 소망한다고 하셨습니다. 제가 알기로 우리나라의 공적인 교육기관인 유치원에서 고등학교까지 교원은 모두 국가에서 발급하는 교사자격증이 있어야 합니다. 이를 위해서는 반드시 교직과목과 교육실습을 거쳐야 합니다. 그런데 대학에서 가르치는 교수는 이에 해당하는 자격증이 없어도 되고, 박사학위나 학술논문 실적이 있으면 됩니다. 그러니 교육학을 배우지 않아도 되고, 교육실습을 안 해도 됩니다. 그러다 보니 교육대학이나 사범대학 교수인데 교사자격증이 없고 교직 경험 없는 경우도 많습니다. 처음 이런 사실을 알고는 좀 의아했습니다. 그런데 가만히 생각해 보니 이게 가능하다 싶었습니다. 교수는 교사가 아닙니다. 그저 강의 잘하고 논문 잘 쓰면 됩니다. 생활지도나 상담 그런 건 교수의 자격요건이나 평가에 들어가지 않습니다. 이미 대학생이면 머리 큰사람이라서 생활지도나 상담은 그저 교수의 경험으로 하고 학교상담소에서 해도 됩니다. 그러나 교사는 다릅니다. 그만큼 아직은 영글지 않은 아이들에게 영향을 미칩니다. 그러기에 교사로서 원만한 인성과 소명의식은 물론이고 교육학을 충실히 배워야 하고, 교육실습을 충실히 해야 합니다. 그런데 교육실습 한 달 만에 교과교수법과 생활지도와 학교 현장을 배운다는 건 불가능할 것입니다. 이른바 교육 천국이라는 핀란드는 교사자격을 대학원 졸업자로 하고, 공무원 봉급 중 최고라고 합니다. 그리고 한 번 교사가 되면 끝이 아니고 지속적으로 교육에 대한 교육을 받아야 하고 평가도 합니다.

샘! 부디 치열하게 공부하셔서 원하시는 꿈을 이루시길 바랍니다. 저는 영문학 책을 가끔 번역서로 봅니다. 그러면서 저보다 영문학 지식이 부족한 영문학도를 보면 좀 어이없습니다. 오늘의 영어교육이 실용적인 생활영어가 중시되는지는 모르겠으나 저는 아무리 그렇더라도 문학의 깊이를 향유하는 것도 중요하다고 봅니다. 적어도 교사가 되려면 교육학도 깊이 공부해야 함은 물론이지요. 요즘 대학이 지나치게 실용적인 분위기로 치닫게 되면서 인문학적 소양과 깊이가 부족해진 것 같아 안타깝습니다. 그리고 유학 다녀온 분들이 우리말을 잘 못하십니다. 유학 준비할 때부터 우리말보다는 외국어를 중요하게 여기고 치열하게 외국에 동화되려고 애쓰다 보니 돌아와서도 말과 글이 국적불명인 경우가 많습니다. 이런 분들의 글을 보면, 우리말이 아닌 영어, 독일어, 일본어 식의 글을 보게 됩니다. 죄송합니다만 샘의 글에서도 그런 게 더러 보입니다. 샘의 스승님들이 우리말을 잘 못하신 듯…….

저는 얼마 전 암으로 하늘나라로 떠나신 장영희(서강대 영문과 교수) 님의 수필을 참 좋아합니다. 이분의 『문학의 숲을 거닐다』, 『내 생애 단 한 번』, 『살아온 기적 살아갈 기적』 등과 영미시산책으로 『생일』과 『축복』을 꼭 한 번 읽어 보시기 바랍니다. 이분의 아버님이 그 유명하신 서울대학교 영문과 장왕록 교수님이십니다. 이분은 영문과 교수로, 영어 교과서도 집필하셨던 분이시지만 우리말과 글 실력도 튼실하셨습니다. 우리 시를 영어로 번역하여 소개하기도 하셨습니다. 샘이 교수님이나 선생님이 되시면요, 그저 즉자적인 기교만이 아니라 대자적인 차원의 깊은 사유를 이끌어 내는 인문학적 깊이와 상상력이 뒷받침되는 교수나 선생님이 되시기 바랍니다. 교과지식 전달은 학원에서 다 배웁니다. 돈 있는 아이들은 고액 과외로도 다 채워 나갑니다. 그러나 튼실하게 쌓인 교양과 전공지식의 깊이에서 우러나오는 실력은 학원이나 과외로는 불가능합니다. 저는 선생은 평생 공부하는 사람으로, 분명한 소명의식과 자기만의 교육철학을 갖고 아이들을 대해야 한다고 생각합니다.

새롭게 교육의 힘을 생각해 봐요

"애야, 착하지." 어릴 적 이런 말 한번 안 듣고 자란 사람은 없을 것입니다. 그런데 이런 말이 자칫 다음 세대를 책임지고 이끌어 갈 아이의 상상력을 차단하고, 길들여지는 아이로 그야말로 어른아이로 만들어 버릴 수 있다는 생각이 듭니다.

부모와 선생에 의해 강요된 '착한 아이'는 본래의 자기를 잃고 부모나 선생에게 버림받지 않으려고 마음의 가면을 쓰며, 불안한 '착한 아이'를 평생 연기하게 됩니다. 저는 역시 착한 아이를 살아오다가 나이 들면서 반항을 시작한 것이 오히려 건강한 성인으로 자라 감에 큰 몫을 하게 되었습니다. 건강한 성인으로 자라감에 있어서 아이의 자기정체감은 자기를 표출하면서 나타납니다. 부모나 선생의 입장에서 말 잘 듣는 아이가 다루기는 좋을 수 있습니다. 하지만 아이를 자신의 생각대로 재단하려는 자기중심적인 부모나 선생, '무조건 내 식대로' 따르라고 하는 선생, 아이를 소유물로 여기는 부모 역시 착한 아이를 강요합니다.

문제는 자기중심적인 부모나 선생 밑에서 자란 아이는 자신의 내면을 신뢰하지 못하며 "엄마나 선생님이 가르쳐 준 대로만 하면 돼"
라고 다그치는 엄마나 선생 밑에서 자란 아이는 다른 사람과 비교하
는 방법을 통해서만 스스로를 파악하는 사람이 될 수 있습니다. 이
같은 방식들은 사랑이 아니라 불안, 애정결핍, 사회적 무력감과 열등
감이 전이된 병적 정서일 뿐입니다. 그런 점에서 아이들은 살면서 때
론 반항도 할 줄 알아야 합니다. 아이들이 조금 달라졌다고 생각하는
시기에, 부모나 선생은 아이들이 건강한 자녀로 커 가고 있다는 신념
을 가져야 합니다.

언젠가 우리 교육의 가슴 아픈 현실을 적나라하게 드러낸 것을 본
적이 있습니다. 우리나라 아이들은 공부를 많이 합니다. 우리나라 청
소년들의 1주일 공부 시간이 OECD 평균보다 무려 15시간이나 많은
것으로 나타났습니다. 2003년 OECD의 국제학업성취도조사(PISA) 결
과를 보면, 평일 평균 전체학습시간이 우리나라 절반에 불과한 4시간
22분을 공부하는 핀란드의 수학 점수가 544점으로 542점인 우리나라
보다 2점이 더 높게 나왔다고 합니다. 뿐만 아니라 하루 공부 시간이
6시간 22분으로 나와 우리보다 공부 시간이 1시간 28분 부족한 일본
의 학업성취도 결과가 534점으로 우리와 큰 차이가 없는 것으로 밝혀
졌습니다. 결국 세계에서 제일 오랜 시간 공부하는 우리나라 청소년
들의 학업성취 결과는 공부 시간이 절반이나 적은 나라의 청소년들
에게조차 뒤처지고 있다는 사실입니다.

2004년 OECD 조사에 의하면, 15세 학생들의 주당 공부 시간(학교
내 공부와 학교 밖 공부 포함)은 평균 50시간으로, 주당 28시간 공부
하는 스웨덴이나 30시간을 공부하는 핀란드의 2배에 가깝습니다. 하
루 8시간 주당 40시간으로 노동량을 제한하고 있는 현 노동법에서 볼

때 우리 아이들은 엄청난 학습노동에 시달리고 있는 셈입니다. 이렇게 학교와 학원으로 오가며 많은 공부를 하더라도 각각의 공부가 의미 있다면 괜찮습니다만 문제는 학교와 학원의 공부 둘 다 명문대 입학을 위한 문제풀이 중심의 반복 암기 학습이라는 데 있습니다. 즉, 좀 더 깊은 상상력과 지적 호기심을 키우는 것이 아니라 실수하지 않기 위한 반복을 하고, 그래서 시험을 잘 보는 것 이외에, 인생이나 학문에 크게 도움이 되지 않는 공부를 하는, 엄청난 투입에 비해 교육적 효과가 낮은 고비용 저효율의 교육을 하고 있다는 것입니다.

우리나라 교육이 고비용 저효율의 구조를 가지고 있다는 것은 핀란드와 비교를 해 보면 쉽게 알 수 있습니다. OECD에서 만 15세 학생을 대상으로 치르는 '국제학업성취도 비교'(PISA)에 따르면 한국과 핀란드는 읽기와 수학, 과학에서 모두 상위권을 형성해서 세계인의 주목을 받았습니다. 그런데 같은 과목에 대한 흥미도 검사에서 핀란드는 여전히 최상위권을 형성하고 있는 반면, 우리나라는 최하위권을 차지해 역시 세계인의 주목과 연구의 대상이 되고 있습니다.

더욱이 연세대가 전국 초등학교 4학년부터 고등학교 2학년 학생 5,000명을 대상으로 설문조사를 실시하여 유니세프의 2006년 연구와 비교를 해보았다고 합니다. 그중 주관적 행복감은 71.6점으로 나와 비율이 OECD 20개 국가 중에서 최하위를 차지하였습니다. 자신이 행복하다고 생각하는 비율이 OECD 20개국 평균인 84.8%보다 훨씬 낮은 55.4%로 나와 스스로를 행복하지 않다고 여기는 아이들이 두 사람 중에서 한 명 꼴로 나온 셈입니다.

결국 이 땅의 아이들은 공부의 열망이 높으면 높을수록 자신의 행복지수를 낮게 인식할 만큼 엄청난 공부와 진학에 대한 부담을 지닌 상태로 수면시간과 운동시간, 가족과의 대화시간마저 빼앗기며 살아가고 있다는 것입니다. 우리나라 아이들에게 자유란 과연 무엇일까요?

특수목적고에 진학하거나 명문대에 진학하면 학교 현수막을 걸어, 자랑스러워하는 것이 우리 학교의 현실입니다. 부모나 교사의 기쁨도 제자가 잘 되어 좋은 학교에 진학하고, 잘난 사람이 되는 것으로 생각합니다. 이런 교육이 참교육은 아닐 것입니다.

우리 선생에게 요구되는 것은 교육 자체가 예술이라는 말이 있듯이 가르침이라는 일에 심미적인 감수성입니다. 이런 심미적인 감수성은 선생에게 요구되는 덕목입니다. 교육에서 중요한 것은 바로 '공감'(共感)입니다. 선생과 학생이 하나가 되어 함께 생각하고 느끼고 행동하는 교육이 되어야 합니다. 이러한 교육이 이루어지기 위해서는 교육의 중심을 어디에 두느냐가 중요합니다. 우리의 교육이 사람에게 중점을 둔 교육이냐 아니면 프로그램에 중점을 둔 교육이냐 하는 것입니다. 모든 교육은 사람에게 중점을 둔 교육이어야 합니다.

아쉽게도 우리의 교육은 프로그램 중심이나 학교나 선생 중심의 일방적인 교육으로 이루어질 때가 많습니다. 이러한 교육은 선생과 학생 사이의 소통은 물론이거니와 공감대조차 형성하지 못합니다. 공감의 교육이 이루어지지 않을 때, 교육의 성과를 거두기 어렵습니다. 공감의 교육이 이루어지기 위해서는 아이들의 흥미와 관심 그리고 욕구가 무엇인지 알아야 하고, 그러한 것들이 교육에 반영되어야 합니다. 이런 선생의 심미적인 감수성이 제대로 발현될 때, 아이들은 상상력을 통해 감성의 부피를 확장함으로써 삶의 격조를 고양시킬 수 있습니다.

중국 송나라 때 지어진 책 『벽암록(碧巖錄)』에 '줄탁동시'(崒啄同時)라는 말이 있습니다. 이 말은 계란이 부화될 때, 어미 닭과 낳은 알속의 생명체 사이의 교감을 말하는 것입니다. 어미 닭은 껍질 밖에서 어미의 소리를 들려 줄 뿐만 아니라, 부화할 무렵에는 부리로 그 껍질을 두들겨 줌으로써 새로운 생명체에 대한 또 다른 세계를 알려 줍니다. 껍질 속에 있는 생명체는 그 어미를 통해서 들리는 온갖 소리들을 들으면서 병아리로 커나갑니다. 그러다가 부화할 무렵에는 작은 부리로 그 껍질을 깨고 나오게 됩니다. 이 양자가 조화를 이루면서 건강한 병아리는 태어납니다. 그런데 더 신기하고 놀라운 것은 갓 태어난 병아리도 아직 태어나지 못한 생명체를 향해서 '줄탁동시'를 한다는 것입니다. 이 얼마나 아름답고 신비한 모습인가요?

오늘 우리의 사회는 IQ(지능지수)를 넘어 EQ(감성지수), NQ(네트워크 지수)를 강조합니다. 이런 교육을 위해서 다양한 교육적 실험이 필요할 것입니다. 또한 이와 더불어 새롭게 강조해야 할 것이 바로 'AQ'(역경지수)입니다. 우리 아이들은 지나치게 교과 위주의 주입식 교육의 결과 EQ, NQ 지수가 부족하고, AQ 지수를 높일 기회를 제공받지 못합니다. 우리나라는 30개의 OECD 국가 중에서 자살률 세계 1위입니다. 자살 일등 국가! 이 얼마나 안타까운 현실인가요?

청소년 자살문제도 심각합니다. 얼마 전 한국청소년상담원이 발표한 '청소년 자살 관련 실태조사'에 의하면, 우리나라 청소년의 10명 중 6명이 한 번 이상 자살을 생각해 본 적이 있다고 합니다. 역경을 이겨내는 힘! AQ지수를 길러 주는 교육이야말로 자살을 예방하고, 건강한 몸과 마음으로 행복하게 살도록 자신을 추동해 나가는 힘이 될 것입니다. 이제 우리 교육은 지식교육이 아닌 삶 그 자체에서 출발하는 교육의 방향을 생각해 보아야 할 것입니다.

교육현실과 이상을 고민해요

　사람이 다른 동물과 다른 가장 큰 이유 중 하나가 바로 '가치'를 추구한다는 것입니다. '가치'는 사람의 삶에서 많은 역할을 합니다. 우리가 살아가는 방향을 제시해 주기도 하고 때론 문제의 상황에서 옳은 결정을 하기 위한 중요한 수단을 제공해 주기도 합니다. 그런데 오늘날 사회가 너무 복잡해지고 다양해진 나머지 가치의 혼란과 더불어 바람직한 가치판단까지도 위협받고 있습니다. 이런 일이 일어나는 이유는 무엇일까요?

　우리는 하루에도 수십 번씩 '이것이 옳다. 저것이 그르다'라는 식의 가치판단을 하며 살아갑니다. 그리고 이 가치판단으로 내리게 되는 결과는 삶에 큰 영향을 주게 됩니다. 잘못된 가치판단이 불러오는 결과는 여러 곳에서 찾아볼 수 있습니다. 영화 <오만과 편견>에서 보면, 베넷가의 막내딸 리디아는 순간적인 감정에 이끌려 위컴과 도망친다는 잘못된 판단을 내리게 되고, 이로 인해 자신만이 아니라 두 언니를 비롯한 가족 모두의 명예와 평판을 실추시키게 됩니다. 한 개인이 내린 잘못된 판단도 주위에 있는 여러 사람에게 피해를 입힐 수 있습니다. 그러니 개인이 아닌 대중이나 어떠한 대규모 집단, 혹은 국가가 가치판단의 혼란 상태에 빠지면 그 부작용은 훨씬 더 심각할 것입니다.

사람들은 저마다 나름대로의 가치관을 가지고 있습니다. 그리고 이러한 가치관의 다원화로 인해 사회에는 과거보다 더 많은 가치 갈등과 혼란이 발생했습니다. 예를 들어 유교적 가치관을 중시하는 할머니와 서구적이고 개방적인 문화를 중시하는 손녀딸 사이에서 가치 갈등이 일어나는 것처럼 말입니다. 사람은 태어나서 작게는 한 가정에서 크게는 국가까지 사회를 이루며 그 속에서 살아갑니다. 사회 구성원들은 그 사회의 이념, 지도자, 사회적 가치 등에 항상 영향을 받습니다.

우리는 한 치 앞도 내다보기 어려운 예측불허의 세상, 모든 것이 빠른 속도로 변해 가는 정보화 사회를 살아가고 있습니다. 이러한 현실 속에서 어떠한 기준을 가지고 살아가는 것이 올바른 것인지를 판단하는 것조차 쉽지 않음을 느끼게 됩니다. 끝없이 변화해 가는 고도의 과학기술…… 진정한 의미의 과학 발전과 사회의 발전을 위해서 어떠한 시각을 가져야 할 것인지에 대한 고민이 필요한 시점입니다.

사람은 사회라는 행위의 틀 안에서 살아가는 존재입니다. 이 틀은 규범적이고 당위적인 인간 생활의 '장(場)'입니다. 이 사이에서 서로의 의견이 충돌하게 되었을 때, 어떠한 관점을 선택하느냐에 대한 고민으로 일종의 가치판단의 딜레마에 빠질 수도 있습니다. 기존의 틀 안에서 작동메커니즘의 구조적 고리를 깨는 획기적일 수 있는 관점으로 세상을 바라본다는 것은 그리 쉬운 일이 아닙니다.

우리 학교현장은 '입시경쟁'이라는 어두운 그림자 속에서 헤어나지 못하고 있습니다. 학교 평가도 진학률로, 성적순으로 정해집니다. 이런 현실에서 아이들의 두발자유화가 가능할까요? 그야말로 계란으로 바위 치기일까요? 닫힌 학교구조의 현실이 학생의 인권을 유린하고, 자유를 억압하고, 개별화를 무시하는 듯합니다.

오늘 우리의 학교들이 아이들의 두발을 규제하고 수많은 교칙으로 얽어매는 이유는 더 높은 상급학교 진학의 신화창조를 이루려는 것입니다. 어느 순간 저도 가슴 뜨끔해지는 부분입니다. 저 자신도 아이들을 바라볼 때 성적으로 바라보곤 합니다. 저도 모르게 아이들을 성적순으로 규정짓기도 합니다. 아이들을 성적에 따라 평가하고, 줄 세우는 교육이 잘못인 줄 알면서도 학교 현실상 진학률을 높이려고 혈안이다 보니 교직경력이 오래될수록 더욱더 아이들을 성적으로 바라보게 되는 것 같습니다. 이런 우리의 교육은 그야말로 '죽은 시인의 사회'를 떠올리게 됩니다.

우리 기성세대는 치열하게 제기되는 문제인 아이들의 두발자유를 학습권의 방해를 막고 증진하기 위한 불가피한 것이라고 하면서 억압합니다. 사실 제가 몸담고 섬기는 학교도 두발 자유가 없습니다. 아니 그것만이 아닙니다. 교복, 체육복, 식사시간도 똑같아야 하고, 정해진 학칙을 지켜야 합니다. 학교와 교도소가 같은 점이 있다는 우스갯소리도 있습니다. 이 둘을 같은 것으로 본다는 게 씁쓸한 현실입니다. "머리가 짧다. 남녀가 따로 갇혀 있다. 번호로 불린다. 정해진 시간에만 식사를 할 수 있다. 감시와 규칙에 따라 생활한다. 똑같은 옷을 입어야 한다. 정해진 기간 동안 갇혀 있어야 한다."

어쩌면 우리는 변화를 두려워하는지도 모릅니다. 사실 우리 학교 대부분이 두발자유가 아닌 두발규제를 교칙으로 정해서 운영하고 있습니다. 오늘 우리 교육현장에서 두발규제에서부터 체벌, 사상·양심의 자유, 집회·결사의 자유, 학생참여에 이르기까지 다양한 일상의 측면에서 지금까지와는 다른 새로운 방식의 삶의 모습이 존재할 수 있다는 것을 아이들과 선생들이 경험할 수 있다면, 지금과 같은 억압적인 학교 문화가 바뀔 수 있지 않을까 하는 기대감도 가져 보았습니다. 그래서 어느 순간 '제도권 조직이란 게 다 이런 거야'라고 너무도 당연하게 말하고, 다른 사람도 그 말에 고개를 끄덕이게 되는, 이러한 악순환의 사슬이 하나씩 끊어졌으면 하는 바람을 가져 보았습니다.

프란츠 알트의 『생태주의자 예수』에 나오는 말입니다. "영이 불어 오는 폭풍이 몰아칩니다. 그러나 이 폭풍이 일으키는 강력한 바람을 맞아 호흡 곤란을 일으키지 않는 사람에게 미래가 있습니다." 옳지 못한 길 앞에서는 발길을 돌릴 줄 아는 올곧은 마음을 지켜야 얻을 수 있는 복된 삶의 샘을 발견할 때, 우리가 갖고 있는 교육의 꿈과 삶을 지속 가능하게 해 줄 것입니다. 오늘 이 마음을 되새기며 지켜 나갈 것을 다짐해 봅니다. 성서는 이 마음을 중요하게 일깨워 줍니다. "무엇보다도 네 마음을 지켜라. 그것이 바로 복된 삶의 샘이다."(잠언 4장 23절)

이계삼 선생님의 교육에 대한 글이 오늘 우리의 교육문제를 고민하고 해결해 나갈 하나의 실마리를 제공해 주는 것 같습니다. 이를 좀 제가 다듬어 보았습니다.

나그네가 길을 가는데 토끼 한 마리가 사냥꾼을 피해 숨을 곳을 찾습니다. 나그네는 토끼를 숨겨 줍니다. 좀 이어 사냥꾼이 나그네에게 토끼가 간 곳을 묻습니다. 나그네가 지금 있는 곳은 갈

림길입니다. 이때 나그네는 어떻게 해야 할까요? 어떤 임의의 방향을 가리키면서 사냥꾼을 그곳으로 가게 할 수도 있습니다. 자신은 피해를 입지 않고 토끼도 지킬 수 있으므로 그것은 합리적이라고 평가받을 만합니다. 그러나 그것은 진실이 아닙니다. 왜냐하면 사냥꾼에게도 토끼를 쫓는 혹은 쫓을 수밖에 없는, 나름의 이유가 있기 때문입니다.

이 자리는 서로의 숙명이 부딪친 자리입니다. 결국, 나그네가 취할 수 있는 선택은 이것밖에 없습니다. 폭력의 근원인 사냥꾼의 사냥을 멈추게 하는 일입니다. 그것은 설득일 수도, 물리적인 실천일 수도 있습니다. 그 과정에서 나그네는 무언가를 희생해야만 합니다. 진정한 의미에서 선생은 이 나그네의 자리에 설 수밖에 없습니다.

—이계삼, 『영혼 없는 사회의 교육』 참조—

브라질 격언에 이런 말이 있습니다. 흔히 아는 유명한 말인데 뒷부분은 종교적이라 빠져서 알려져 있는 이야기입니다. "나 혼자 꿈을 꾸면 그저 꿈일 뿐이지만, 함께 꿈을 꾸면 현실이 됩니다. 그리고 그 꿈을 따라 노력할 때 바로 하느님 나라(브라질은 가톨릭 국가이니 '하느님'이라고 하지요)가 시작됩니다." 우리 교육 공동체가 혼자만이 아닌 모두가 함께 고민하면서 함께 풀어 나가기를 소망해 봅니다. 내 아이들만이 아닌 우리의 아이들을 위해서 머리를 맞대는 모습을 생각해 봅니다.

'교육', 참 멀고도 험한 길입니다만 함께 가는 생각의 나눔, 삶을 나눔이 펼쳐지기를 바랍니다. 이미 고인이 되신 김남주 선생님의 시(안치환의 노래로도 유명합니다)를 되새겨 봅니다. 흔히 이 시의 주제를 해방의 길, 통일의 길로 말하지만 저는 함께하는 교육 또한 생각해 볼 수 있다고 봅니다. 지금처럼 힘든 교육문제를 떠올리며, 서로

힘을 합해 논의하고 행동함이 그 어느 때보다도 필요하기에 되새겨
봅니다.

함께 가자 우리

함께 가자 우리 이 길을
셋이라면 더욱 좋고 둘이라도 함께 가자.
앞서가며 나중에 오란 말일랑 하지 말자.
둘이면 둘 셋이면 셋 어깨동무하고 가자.
투쟁 속에 동지 모아 손을 맞잡고 가자.
열이면 열, 천이면 천 생사를 같이하자.
둘이라도 떨어져서 가지 말자.
가로질러 들판 산이라면 어기여차 건너 주자.
고개 너머 마을에서 목마르면 쉬었다 가자.
서산낙일 해 떨어진다 어서 가자 이 길을
해 떨어져 어두운 길
네가 넘어지면 내가 가서 일으켜 주고,
내가 넘어지면 네가 와서 일으켜 주고,
산 넘고 물 건너 언젠가는 가야 할 길
시련의 길 하얀 길
가로질러 들판 누군가는 이르러야 할 길
해방의 길 통일의 길 가시밭길 하얀 길
가다 못 가면 쉬었다. 가자.
아픈 다리 서로 기대며.

대학을 거부하는 외침을 보고서

얼마 전 우리 교육계에 충격을 주는 사건이 벌어졌습니다. 너무도 갑작스런 충격에 오늘 우리의 교육이 바른 것인가 하는 회의감에 휩싸였습니다. 그 사건이 바로 고려대학교 경영학과 김예슬이 사회적 저항으로 던진 대학 자퇴를 선언한 대자보였습니다. 고려대학교 경영학과라고 하면 바로 현직 이명박 대통령의 직계 후배가 되는 자리요, 우리나라에서 응집력을 자랑하는 고려대학교 교우회가 되는 위치입니다. 저 같은 일선 중등교육기관의 선생들과 아이들에겐 선망의 대상인데 이를 내던진 것입니다. 매직펜으로 써 놓은 고려대학교 대자보의 전문은 이러합니다.

오늘 나는 대학을 그만둔다, 아니 거부한다

오늘 나는 대학을 그만둔다. G세대로 '빛나거나' 88만 원 세대로 '빛내거나', 그 양극화의 틈새에서 불안한 줄타기를 하는 20대, 그저 무언가 잘못된 것 같지만 어쩔 수 없다는 불안과 좌절감에 앞만 보고 달려야 하는 20대, 그 20대의 한가운데에서 다른 길은 이것밖에 없다는 마지막 남은 믿음으로 이제 나의 이야기를 시작하겠다.

이것은 나의 이야기이지만 나만의 이야기는 아닐 것이다. 나는 25년 동안 경주마처럼 길고 긴 트랙을 질주해 왔다. 우수한 경주마로, 함께 트랙을 질주하는 무수한 친구들을 제치고 넘어뜨린 것을 기뻐하면서 나를 앞질러 달려가는 친구들 때문에 불안해하면서 그렇게 소위 '명문대 입학'이라는 첫 관문을 통과했다. 그런데 이상하다. 더 거세게 나를 채찍질해 봐도 다리 힘이 빠지고 심장이 뛰지 않는다. 지금 나는 멈춰 서서 이 경주 트랙을 바라보고 있다. 저 끝에는 무엇이 있을까? '취업'이라는 두 번째 관문을 통과시켜 줄 자격증 꾸러미가 보인다. 너의 자격증 앞에 나의 자격증이 우월하고 또 다른 너의 자격증 앞에 나의 자격증이 무력하고, 그리하여 새로운 자격증을 향한 경쟁 질주가 다시 시작될 것이다. 이제야 나는 알아차렸다. 내가 달리고 있는 곳이 끝이 없는 트랙임을. 앞서 간다 해도 영원히 초원으로는 도달할 수 없는 트랙임을.

이제 나의 적들의 이야기를 시작하겠다. 이 또한 나의 적이지만 나만의 적은 아닐 것이다. 이름만 남은 '자격증 장사 브로커'가 된 대학, 그것이 이 시대 대학의 진실임을 마주하고 있다. 대학은 글로벌 자본과 대기업에 가장 효율적으로 '부품'을 공급하는 하청업체가 되어 내 이마에 바코드를 새긴다. 국가는 다시 대학의 하청업체가 되어, 의무교육이라는 이름으로 12년간 규격화된 인간제품을 만들어 올려 보낸다. 기업은 더 비싼 가격표를 가진 자만이 피라미드 위쪽에 접근할 수 있도록 온갖 새로운 자격증을 요구한다. 이 변화 빠른 시대에 10년을 채 써먹을 수 없어 낡아 버려지는 우리들은 또 대학원에, 유학에, 전문 과정에 돌입한다. 고비용 저수익의 악순환은 영영 끝나지 않는다. '세계를 무대로 너의 능력만큼 자유하리라'는 세계화, 민주화, 개인화의 넘치는 자유의 시대는 곧 자격증의 시대가 되어버렸다.

졸업장도 없는 인생이 무엇을 할 수 있는가? 자격증도 없는 인생이 무엇을 할 수 있는가? 학습된 두려움과 불안은 다시 우리를 그 앞에 무릎 꿇린다. 생각할 틈도, 돌아볼 틈도 주지 않겠다는

듯이 또 다른 거짓 희망이 날아든다. "교육이 문제다.", "대학이
문제다."라고 말하는 생각 있는 이들조차 우리에게 이렇게 말한
다. "성공해서 세상을 바꾸는 '룰러'(제가 풀이했어요－ruler. 워드
프로세서 등에서 문자 등의 위치를 알 수 있게 표시 화면 주위에
놓인 사람을 말합니다)가 되어라.", "네가 하고 싶은 것을 해. 나
는 너를 응원한다.", "너희의 권리를 주장해. 짱돌이라도 들고 나
서!" 그리고 칼날처럼 덧붙여지는 한 줄, "그래도 대학은 나와야
지." 그 결과가 무엇인지는 모두가 알고 있으면서도 큰 배움도
큰 물음도 없는 '대학(大學)' 없는 대학에서, 나는 누구인지, 왜
사는지, 무엇이 진리인지 물을 수 없었다. 우정도 낭만도 사제 간
의 믿음도 찾을 수 없었다. 가장 순수한 시절 불의에 대한 저항도
꿈꿀 수 없었다. 아니, 이런 건 잊은 지 오래여도 좋다. 그런데 이
모두를 포기하고 바쳐 돌아온 결과는 정말 무엇이었는가.

　우리들 20대는 끝없는 투자 대비 수익이 나오지 않는 '적자세
대'가 되어 부모 앞에 죄송하다. 젊은 놈이 제 손으로 자기 밥을
벌지 못해 무력하다. 스무 살이 되어서도 내가 뭘 하고 싶은지 모
르고 꿈을 찾는 게 꿈이어서 억울하다. 이대로 언제까지 쫓아가
야 하는지 불안하기만 한 우리 젊음이 서글프다. 나는 대학과 기
업과 국가, 그리고 대학에서 답을 찾으라는 그들의 큰 탓을 묻는
다. 깊은 분노로. 그러나 동시에 그들의 유지자가 되었던 내 작은
탓을 묻는다. 깊은 슬픔으로. '공부만 잘하면' 모든 것을 용서받
고, 경쟁에서 이기는 능력만을 키우며 나를 값비싼 상품으로 가
공해 온 내가 체제를 떠받치고 있었음을 고백할 수밖에 없다. 이
시대에 가장 위악한 것 중에 하나가 졸업장 인생인 나, 나 자신임
을 고백할 수밖에 없다.

　그리하여 오늘 나는 대학을 그만둔다. 아니, 거부한다. 더 낳이
쌓기만 하다가 내 삶이 한 번 다 꽃피지도 못하고 시들어 버리기
전에 쓸모 있는 상품으로 '간택'되지 않고 쓸모없는 인간의 길을
'선택'하기 위해 이제 나에게는 이것들을 가질 자유보다는 이것
들로부터의 자유가 더 필요하다. 자유의 대가로 나는 길을 잃을
것이고 도전에 부딪힐 것이고 상처받을 것이다. 그러나 그것만이
삶이기에, 삶의 목적인 삶 그 자체를 지금 바로 살기 위해 나는

탈주하고 저항하련다. 생각한 대로 말하고, 말한 대로 행동하고, 행동한 대로 살아내겠다는 용기를 내련다. 학비 마련을 위해 고된 노동을 하고 계신 부모님이 눈앞을 가린다. '죄송합니다, 이때를 잃어버리면 평생 나를 찾지 못하고 살 것만 같습니다.'

　많은 말들을 눈물로 삼키며 봄이 오는 하늘을 향해 깊고 크게 숨을 쉰다. 이제 대학과 자본의 이 거대한 탑에서 내 몫의 돌멩이 하나가 빠진다. 탑은 끄떡없을 것이다. 그러나 작지만 균열은 시작되었다. 동시에 대학을 버리고 진정한 大學生의 첫발을 내딛는 한 인간이 태어난다. 이제 내가 거부한 것들과의 다음 싸움을 앞에 두고 나는 말한다. "그래, 누가 더 강한지는 두고 볼 일이다."

2010년 3월 10일 김예슬
고려대학교 경영학과를 자퇴하며

지금도 이른바 명문대학에 더 많은 아이들을 들여보내는 것으로 학교교육을 충실히 한 것으로 여기는 세상에 김예슬은 그야말로 자신의 온몸으로 저항하는 폭탄을 던진 것입니다. 그거 열심히 공부하면 인생 성공이라고 가르치는 학교교육이 과연 옳은 것일까요? 아마 김예슬도 초등학교부터 고등학교에 이르기까지 한 눈 팔지 않고 열심히 공부했을 것입니다. 그 결과 빛나는 명문대 학생이 되고, 장밋빛 미래를 꿈꿨을 것입니다. 그러던 어느 날 자신이 배워 온 것이 참교육이 아닌지 모른다는 의심이 머리를 짓눌렀을 것입니다. 그리고 스스로 깨우쳐 가면서 학교에서 배우는 것이 아닌 온몸으로 세상을 배우고, 현실을 익히면서 참된 삶의 의미를 생각해 보았을 것입니다. 그리고 내린 결론이 바로 이것입니다.

이 사건이 그저 어느 치기 어린 대학생 하나의 해프닝일까요? 그렇다면 참 다행이지만 김예슬의 대자보를 꼼꼼히 읽어 보면 오늘 우리 사회의 비인간적인 현실과 교육의 현주소가 적나라하게 드러났습니다. 제가 보기에 이와 같은 형태이든 아니든 제2, 제3의 김예슬이 나올 것입니다. 아니 나와야 합니다. 그저 순응하는 것도 비정상입니다. 치열하게 자신의 온몸을 던져 오늘 우리 교육의 치부를 드러냈습니다.

오늘 우리의 교육은 분명 문제가 많습니다. 이러한 이유는 마치 동물의 왕국을 연상시키는 경쟁 위주의 교육이 빚어낸 당연한 결과일 것입니다. 무한경쟁으로 치닫는 오늘 우리에게 동양고전이 주는 매력은 개인주의적 지성을 넘어서는 여럿이 함께 어우러지는 '더불어숲'을 지향하는 것입니다. 소수의 엘리트가 아닌 다수가 함께 살아가는 연대성으로, 서로 잇대어 살아가고 상호의존적으로 살아야 합니다.

오늘 우리의 가치가 무한경쟁, 약육강식, 일등만 인정하는 사회라는 구호는 너무도 비인간적입니다. 우리가 지향할 방향은 『노자도덕경』의 한 구절 '상선약수'(上善若水)가 일깨워 주는 바와 같이 혼자만 높아지는 것이 아니라 낮아짐으로 연대하며, 관용과 열림과 나눔의 사회를 이루어 가야 할 것입니다. 이것이 오늘을 사는 우리에게 요청되는 동양고전의 지혜일 것입니다.

신영복 선생님의 『강의』에 보면, 우리 사회와 교육에서 절실한 참된 지성의 방향에 대한 구절이 나옵니다. "물은 낮은 곳으로 흘러서 바다가 됩니다. 그러므로 사상의 최고 형태는 감성의 형태로 '가슴'에 갈무리되고 있는 것이라 할 수 있습니다. 감성은 외계와의 관계에 있어서 일차적이고 즉각적인 대응이며 그런 점에서 사고 이전의 가장 정직한 느낌이라고 할 수 있습니다." 다른 사람을 죽이고 나만 살면 된다는 교육이 아니라, 조금 더디더라도 더불어 함께하는 삶을 가르치고, 보여 주는 교육이 바로 동양고전에서 배울 지혜일 것입니다.

저는 수년 전부터 신문이나 TV를 잘 안 봅니다. 그런 이유 중 하나
가 보도되는 내용들이 살림보다는 죽임으로, 어울림보다는 아귀다툼
인 경우가 많고, 세상을 바라보는 시각이 너무 천박하고, 가볍다는 생
각이 들어서였습니다. 그래도 속세를 떠나 사는 게 아니니 어느 정도
세상 돌아가는 건 알아야겠기에 인터넷상에서 주요 기사만 대략 보
곤 합니다. 그러다가 아주 인상 깊고, 감격적인 기사를 접한 적이 있
었습니다. 우리에게 전해지는 소식들이 이런 이야기가 가득해지기를
바랍니다.

≪한겨레신문≫ 2005년 5월 9일자에서 본 기사 내용을 정리해 봅
니다. 지하철 선로에 떨어진 시청각 장애인을 구하려고, 100여 명의
시민이 너나없이 나서 역 구내로 들어오던 전동차를 세웠습니다. 지
하철 1호선 종로3가역 역무사무실에 따르면, 저녁 8시 15분께 종각역
방향 역구내에서 시청각 장애인 김 모(43) 씨가 승강장을 거닐다 발을
헛디며 선로에 떨어졌습니다. 이때 종각역 방향으로 달리던 전동차가
구내로 들어오고 있어, 김 씨의 생명이 위험했습니다. 그러나 이를 본
시민 100여 명이 한꺼번에 승강장 앞쪽으로 몰려나와 전동차를 향해
다급하게 멈추라고 손짓을 했습니다.

많은 사람들의 손짓을 이상하게 여긴 기관사는 역구내로 30미터가
량 들어온 곳에서 급히 전동차를 세웠습니다. 이때 시민 4명이 선로
로 뛰어내려 김 씨를 구조해 냈습니다. 김 씨가 떨어진 곳은 다행히
전동차가 들어오는 방향에서 볼 때 승강장 끝부분이어서 화를 면했
습니다. 김 씨는 가벼운 찰과상만 입고 병원에서 치료를 받았습니다.
당시 상황을 목격한 종로3가역 공익근무요원 이 모(24) 씨는 "100여
명의 시민이 누가 먼저랄 것도 없이 손을 흔들어 열차를 세우는 장면

이 너무 감동적이었다"고 말했습니다.

또 이런 이야기도 가슴에 남아 있습니다. ≪동아일보≫ 2003년 3월 8일자에서 본 것입니다. 서울 숙명여자고등학교에 진학한 문화진 양 (16세)은 척추 안의 신경이 약해 하반신에 힘을 줄 수 없는 '척추근위축증'을 앓고 있습니다. 휠체어 없이는 거동하기 어려운 화진 양을 위해 학교 측에서는 올 2월부터 시설 개·보수를 서둘렀습니다. 원래 3, 4층에 있던 1학년 교실을 일단 모두 1층으로 옮겼고, 1층으로 들어서는 모든 계단을 깎아 휠체어로 오를 수 있게 만들었습니다. 1층 화장실에 있던 장애인용 변기도 깨끗하게 단장했습니다.

또한 학교 측은 초등학교 3학년 때부터 친구로 지내며 화진 양의 도우미를 자청했던 이상아 양(16세)이 숙명여자고등학교에 진학하자 두 학생을 같은 반에 배정했습니다. 상아 양은 "같이 논다는 생각으로 함께 있기 때문에 특별히 도와준다고 의식한 적은 없고 화진이는 저보다 공부를 잘해 모르는 것도 잘 가르쳐 줘요"라며 미소 지었습니다. 장애 학우와 더불어 사는 환경 속에서 우리의 아이들은 장애인에 대한 편견을 떨쳐 버리고, 더불어 사는 지혜를 깨쳐 나갈 것입니다. 단 한 사람의 장애 학생을 위해 학교 측이 보여 준 사랑과 정성은 진정한 학교교육이 나아갈 길을 보여 준 것입니다. 이 일로 이 학교 학생들은 무엇이 참되고, 어떻게 살아야 하는지를 그저 지식전달이 아닌 실제로 눈으로 보고 듣고 느끼는 것으로 배우고 익혀 나갈 것입니다. 그리고 이 학생들이 어른이 될 때, 학교가 보여 준 모습은 가정과 사회로 이어져 나갈 것입니다.

『맹자』에 나오는 '여민동락'(與民同樂)이라는 말이 떠오릅니다. 진정한 즐거움은 여럿이 함께 즐거워하는 것입니다. 그런데 우리의 교육은 줄 세우기 식의 비인간적 경쟁을 부추깁니다. 이런 교육으로는 새로운 세상을 열어 갈 수 없습니다. 우리가 꿈꾸는 참사랑의 교육은 '대동사회'(大同社會)에 대한 이상일 것입니다. 대동사회는 가난한 사람, 부모를 잃은 사람, 몸이 불편한 사람, 병들고 지친 사람 등 온갖 사회적 약자와 소외된 사람에 대한 배려를 우선으로 합니다. 대동사회의 목표는 균형과 조화입니다. 대동사회의 이상에서는 부와 권력이 특정 계층에 편중됨으로 인해 사회의 균형이 깨지는 것을 용납하지 않습니다.

균형의 이상은 굉장히 소중합니다. 특히 신자유주의적 세계화로 인해 빈부의 격차가 10:90으로 확산되는 이 시점에서는 더욱 중요한 의미를 지닙니다. 현대 사회에서 원자화된 개인들은 '소유적 개인주의'의 확산으로 말미암아 '가슴 없는 수전노'와 '영혼 없는 항락인'으로 전락하고 있습니다. 나눔, 보살핌, 배려, 절제 등과 같은 공동체 정신이 구현되는 사회를 만들 수 있다면 얼마나 좋을까 생각해 봅니다.

왕건에게서 배우는 교육혁신 마인드

고려 태조 왕건의 리더십이 갖는 의의는 무엇보다 열린 리더십에 있습니다. 열림의 반대는 닫힘입니다. 사람의 마음도 닫혀 있을 때 문제가 생깁니다. 열림은 곧 개방을 의미합니다. 개방되어 있다는 것은 투명함을 지향한다는 뜻이 되고, 이는 곧 공평함으로 귀결됩니다. 여기에 바로 리더십의 본질이 있습니다.

오늘날 민주사회는 서로 다른 다수의 존재를 인정하는 다원주의에 기반을 두고 있습니다. 서로의 정체성을 인정하고 다 함께 공존하는 역동성과 통일성 이것이야말로 우리가 왕건에게 주목하는 진짜 이유일 것입니다. 신라는 삼국을 통일한 후에도 여전히 수도를 반도의 끝자락인 경주에 두었습니다. 골품제도라는 폐쇄적인 인사시스템은 능력 있는 인재들을 질식시키기에 충분했습니다. 그 당시 신라시대에는 수도 경주에 여섯 성씨 이외에는 성(姓)을 가진 사람들이 없었습니다. 그들은 애초부터 성이 없었습니다.

왕건은 신라와는 다르게 통합전쟁에 협조한 지방 세력들에게 성씨를 주어 거주지를 본관으로 하는 상징적인 조치를 취함으로써 보다 균형잡힌 인사정책을 펼쳐나갔습니다. 즉, 중앙정부와 지방 세력을 각기 권리와 의무로써 공존하도록 재편하여 분열된 민심을 수습하고 사회적 통합을 이루어 냈던 것입니다. 이는 다양한 사상과 종교를 공존하게 하는 매개체가 되었고, 그 결과 문화적인 측면에서도 다양성과 통일성이 꽃피웠습니다.

왕건은 자신을 내세우지 않으면서도 상대방을 감싸안는 포용적인 리더십을 보여 주었습니다. 그는 휴머니티에 근거한 리더십을 창조했으며 힘의 열세를 연합전선으로 돌파했습니다. 한 조사 결과에 의하면, 우리나라 직장인들은 '궁예형'보다 '왕건형' 팀장을 더 선호하는 것으로 나타났습니다. 이는 강한 카리스마나 권위적인 궁예형보다 부하 직원에게 과감하게 권한을 이양하는 왕건형 팀장이 더 신뢰와 존경을 받고 있다는 것으로도 분석할 수 있을 것입니다. 그의 경우, 인재를 등용하는 데 선입견이 없었고, 일단 선택한 사람에 대해서는 전폭적인 지지와 함께 무조건적 신뢰를 쌓았습니다. 이러한 그의 열린 리더십은 인간적 매력임과 동시에 의리로 대표되는 가신그룹을 형성하는 구심점이 되었습니다. 그의 이러한 리더십이 없었다면, 가신들의 죽음을 불사한 충성은 없었을 것입니다.

리더십이란 무엇일까요? 결국은 자신을 포함해서 누군가에게 영향을 미쳐 행동하도록 하는 동시에, 어떤 역할을 수행하도록 하는 것입니다. 사람들은 이성적인 설득으로 움직이기도 하지만 감정이나 감성에 의해 움직이기도 합니다.

자신이 감동한 사실을 짧은 글이나 메시지로 표현한 것을 시(詩)라고 합니다. 시가 여러 사람들에게 읽히고 감동을 전달될 때, 그 시를 쓴 시인은 분명히 리더십을 발휘하고 있는 셈입니다. 사람들은 감동을 통해 어떤 형태로든 영향을 받습니다. 현실적인 문제가 아무리 어렵고 복잡해도 가슴을 열면 두려울 게 없습니다. 이런 의미에서 리더 스스로 조직원들과 정서적 교감을 돈독히 할 필요가 있습니다. 아무리 능력이 뛰어나고 권위 있는 리더라 할지라도 인간적인 교감 없이는 절대로 사람들을 견인해 낼 수 없습니다.

우리 교육현장에서는 소위 말하는 문제 학생이거나 매우 평범해 보이던 학생이 선생님의 말 한마디에 크게 분발하여 몰라보게 우수한 학생으로 변하는 경우를 볼 수 있습니다. "칭찬은 고래도 춤추게 한다"는 말처럼, 관심과 기대를 갖고 칭찬을 해 주면 용기와 자신감을 되찾고 스스로 분발하게 됩니다. 이러한 현상을 '피그말리온 효과'라고 부릅니다. 바로 이러한 피그말리온 효과를 왕건의 리더십에서 찾아볼 수 있습니다.

후삼국 시대 궁예는 카리스마형인 반면, 왕건은 조장촉진형 리더였습니다. 카리스마형은 권한과 권위로 모든 것을 혼자 결정하며, 군림하고 통치합니다. 반면 조장촉진형은 신뢰를 바탕으로 아랫사람들을 진심으로 믿고 역할 수행의 권한을 부여합니다. 그리고 미래에 대한 비전을 함께 공유하면서 방향을 만들어갑니다. 왕건은 오랜 세월 묵묵히 자신의 길을 걸었던 준비된 2인자이기에 결국에는 승리하게 된 것입니다.

지난 2002년 월드컵의 신화를 떠올려봅니다. 당시 축구대표팀 감독인 '거스 히딩크'였습니다. 그는 우리나라 축구계의 고질적인 병폐인 학연·지연을 넘어서, 선수 하나하나의 장점과 가능성을 북돋아 주었습니다. 이러한 그의 열린 시각과 조장촉진의 리더십은 무명의 축구선수들을 통해 4강 진출이라는 신화를 창조하였습니다.

오늘 우리 사회 저변에는 1등만을 추구하는 경향이 강합니다. 몇 년 전 유명한 광고 문구에 이런 말이 있었습니다. "2등은 아무도 기억해 주지 않는다." 스포츠 스타는 물론 연예인, 기업, 교육계 심지어 종교계까지도 온통 1등만을 열망합니다. 1등주의 자체는 매력 있고 가치 있는 것일 수 있습니다. 그러나 문제는 세상에는 1등은 오직 한 사람만 가능한 것입니다. 그리고 누구나 1등만 하려고 한다면 이 세상은 어떻게 될까요?

현대 사회는 카리스마적 리더십을 통해 성공을 이루어 내던 과거와는 다른 양상을 띱니다. 혼자서 모든 의사결정을 내리는 수직관계가 아니라 협력자들과 공조를 통해 권한을 이양하는 수평적 관계로 전이되었습니다. 그러므로 오늘 우리에게는 소수의 카리스마적 리더보다는 다수가 협력하는 팀플레이가 요구됩니다. 조직 내에서 자신의 역할이 2인자 혹은 단순한 협력자에 그친다 해도 결코 실망하지 않는 자세가 필요합니다.

진정한 협력 관계의 2인자들은 굳이 선두에 나서지 않습니다. 이보다는 뒤에서 밀어주기를 선호합니다. 준비된 2인자 왕건을 통해, 남을 짓밟으면서까지 스스로를 내세우지 않아도 자신의 입지를 꾸준히 지킨다면 대세는 자신에게로 기울게 됨을 봅니다. 굳이 남을 나쁘게 보이게 하고 자신을 좋게 보이려 할 필요가 없습니다. 철저한 자기관리에 따른 탁월함이 있으면 왕들과 함께 걷고 미덕을 지키고 대중과 함께할 수 있습니다. 왕건의 경우, 리더십의 크기가 단순히 지위에 의해 정해지는 것이 아니라 역할 수행에 따른 역량과 신념의 문제임을 분명하게 보여 주는 증거입니다.

우리 교육계에는 1인자보다 역량이 부족해서가 아니라 지향하는 목적이 다르기 때문에 2인자의 위치나 협력자에 머물러 있는 사람들도 있습니다. 왜 이들은 1인자가 아닌 2인자, 혹은 그 아래를 선택했을까요? 그들은 1인자의 '명예'를 택하기보다 더 소중한 사명을 택한 것입니다. 이들은 주위의 시선보다는 자신의 능력을 최대한 발휘할 수 있는 사명에 참다운 가치를 둔 것입니다. 대학 시절, 총장직이나 학교 보직이나 정치계에 마음을 두기보다는 제자를 길러 내고 학문 탐구에 열정을 쏟으시던 교수님을 떠올려 봅니다. 교수님은 정년퇴임 이후에도 많은 제자들의 존경을 받으며, 식지 않는 학문에 열정을 쏟고 계십니다.

오늘 우리의 교육 현실을 봅니다. 우리 교육이 일등만을 인정하는 교육으로 치닫고 있지는 않은가요. 지금 우리에게 필요한 것은 한 사람의 지도자가 아니라, 자신의 주어진 자리에서 묵묵히 최선을 다하면서 더불어 살 줄 아는 열 명의 사람일 것입니다.

동양고전을 통한 살림의 교육

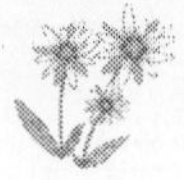

　제가 좋아하는 말로 '이문회우'(以文會友)라는 말이 있습니다. 이 말은 공자의 고제(高弟)인 증자(曾子)가 "군자는 글로써 벗을 사귀고, 벗과의 만남을 통해 인을 보강해 간다."라고 말한 것에서 유래한 말입니다. 오늘 우리에겐 그야말로 엄청난 양의 정보가 홍수처럼 엄습합니다. 그러나 풍요속의 빈곤이랄까요? 이러한 지식정보의 대량생산물 속에서 정작 사람의 삶과 가치에 대한 깊은 사색과 통찰을 느끼게 하는 것은 드문 것 같습니다.

　첨단기술 시대를 살아가는 우리에게 고전이 필요한 이유는 무엇일까요? 도대체 왜 우리는 옛것들에 관심을 가져야 할까요? 그 이유는 '근대성의 한계'에 대한 회의 때문일 것입니다. 우리는 물질 추구와 효율성의 논리가 세계를 지배하게 되면서 인생의 의미를 상실하게 되었습니다. '궁극적 의미'가 사라지고, 오직 도구적 합리성만 판치는 이 세상에서 '의미'를 찾아 헤매기 시작합니다. 목적이 결여되고, 의미가 사라진 삶이란 불행입니다. 그런 점에서 고전은 우리에게 참된 삶의 의미를 되새기게 합니다.

우리는 개항 이후 100여 년 동안 '모방적 근대화'를 진행해 왔습니다. 물론 문화 교류를 위해서는 모방이 필요하고 학습도 필요한 것이 사실입니다. 고인 물은 썩게 마련입니다. 그러나 지난 한 세기 동안 우리와 서양의 관계는 지나치게 일방적이고 강압적이었습니다. 우리는 서양을 대리한 일제 식민지, 미 군정, 그리고 냉전 시대를 거치면서 정치·경제·군사·문화적으로 미국의 압도적인 영향권 아래 놓이게 되었습니다.

오늘 우리는 거의가 '반귀머거리'들입니다. 교향곡과 실내악은 들을 줄 알지만 아쟁과 거문고 소리는 들을 줄 모릅니다. 우리는 '반맹인'들입니다. 유화와 파스텔화는 감상할 줄 알지만 수묵화와 민화는 볼 줄 모릅니다. 우리는 '반벙어리'들입니다. 영시는 낭송할 줄 알지만 시조나 한시는 읊을 줄 모릅니다. 이런 반쪽 귀, 반쪽 눈, 반쪽 혀를 지니고서야 어디 온전한 사람이라고 할 수 있을까요? 아무리 세상이 바뀌고 시대가 변했다지만, 남의 것만 모방하려고 해서는 어디 창조적인 게 나올 수 있을까요?

어떤 사람은 우리의 문화와 전통도 좋지만 급박한 글로벌 시대를 맞아 더 빨리 세계화해야 한다고 주장하면서, 우리말이 아닌 영어몰입교육에 집중해야 한다고 했습니다. 이렇게 모방만 하다가는 우리는 영원한 문화적 식민지로, 신자유주의 자본의 노예로 전락할 수밖에 없습니다. 또 어떤 사람은 우리 김치가 냄새가 나서 결코 세계화될 수 없다고 주장했습니다만, 일본은 슬쩍 '기무치'라는 상표를 붙여 우리보다 먼저 김치를 세계화하는 일에 나섰습니다.

나의 개별 주체로서 겪어낸 삶이 다른 사람의 마음에 공명을 일으켜, 공감대를 형성하는 일, 우리의 문화적인 전통이 세계인의 마음과 만나 보편적인 이론으로 승화되는 일이야말로 진정한 의미의 세계화일 것입니다. 안타깝게도 오늘의 세계화는 지나치게 일방적이고 강압적인 형태로 관용과 대화를 통해 상대방을 이해하려고 하질 않습니다. 가만히 보면 강한 사람이 약한 사람에게 일방적으로 선전포고하듯 세계화를 진행시켜 나갑니다. 진정한 세계화란 지구인들이 대화를 통해 서로를 이해하고, 서로를 풍부하게 해 주며, 서로를 보완해 주고, 서로를 북돋워 주며, 서로의 고통과 아픔에 동참하는 일일 것입니다.

"지렁이도 밟으면 꿈틀한다"는 말처럼, 어떻게 사람이 자신의 모든 정체성을 버리고 일방적으로 남의 것을 모방만 하면서 살 수 있겠습니까? 이러한 고뇌들이 오늘 우리의 정체성에 대해서 묻게 되었고, 치열하게 확인해 가고 있습니다. 드디어 역사적 경험에 근거해 좀 더 우리에게 친근한 방식으로 합리적인 사회를 이룩하려는 갈망들이 우리 내부에서 싹트기 시작한 것입니다.

제가 서태지를 긍정적으로 평가하는 것도 바로 그런 이유입니다. 서태지의 가사에는 우리의 현실이 들어 있습니다. 그의 곡은 전자 기타나 키보드와도 잘 어울리지만, 아쟁이나 풍물패와도 잘 어울립니다. 그의 노래는 절대로 무분별한 미국 베끼기가 아닙니다. 그의 노래는 우리 것이면서 현대적입니다. 요즘은 이런 뮤지션이 안 보이고 상품화된 보여 주기 위주의 연예인들만 보이는 듯하여 아쉬움이 큽니다.

우리의 뿌리와 경험과 역사적 기억들을 반추(反芻)하면서 좀 더 성숙한 우리의 문화를 일궈 나가려는 '자생적 근대화' 혹은 '토착적 근대화'에 대한 열망이 동양고전에 대한 관심을 불러일으켰습니다. 그러나 동양고전에 대한 관심이 방송사들의 매체 상업주의에 의해 주도되면서 동양고전의 진정한 의미가 왜곡되거나 과대 선전되는 것은 아닌지 우려되기도 합니다. 좀 더 다양한 경로를 통해 건강한 방식으로 동양고전이 대중에게 가까이 갈 수 있으면 좋겠다는 바람을 가져 봅니다. 그야말로 동양고전에 대한 관심이 특정 인기인에 대한 광신적 숭배로 그치거나, 가볍게 다뤄지거나, 폄하될 것이 아니라 우리 문화에 대한 열망들에 의한 시민운동과 같은 대중적이고 건전한 방식으로 연결되었으면 좋겠습니다.

예컨대 동양적 관심이 가미된 시민운동이나 연합체 같은 것을 생각해 볼 수 있을 것입니다. 현대문명에 대한 반성과 대안을 모색해 나가면서 생태·환경 문제와 관련한 기(氣) 수련이나 선(禪) 체험이 얼마든지 결합될 수 있을 것입니다. 이제는 우리나라에서 무용지물처럼 치부되는 서당이나 향교와 같은 것을 예절 교육과 개인적 도덕과 사회적 문화윤리의 성숙을 위한 교육의 장으로 새롭게 활용하려는 노력도 필요할 것입니다.

우리는 동양고전을 읽어 감에 있어, 그저 무비판적으로 추종하는 어리석음을 범하지 말아야 합니다. 동양고전 읽기는 치열한 삶을 통해 주체적인 입장에 서서 능동적인 자세를 취해야 합니다. 이를 위해서 한 시간쯤 책을 읽고 나서 반드시 30분 정도 생각을 해 보아야 합니다. 책을 덮고 읽은 것을 다시금 생각하면서 머릿속에서 정리해 보아야 합니다. 왜냐하면 지나치게 지자와 책의 권위에 눌려 무비판적으로 추종하는 것은 자칫 건전한 비판정신을 상실한 지적 노예로 전락할 수 있기 때문입니다.

동양고전을 읽어 나가는 자세로 '온고지신'(溫故知新)을 되새겨 봅니다. 이에 대해 신영복 선생님의 말씀은 주목을 끕니다. "옛 것 속에는 새로운 것을 위한 가능성이 있는가 하면 반대로 변화를 가로막는

완고한 장애도 함께 있습니다. 그러므로 자신의 방법으로서 '온'은 생환(生還)과 척결(剔抉)이라는 두 가지 의미로 읽어야 합니다."

오늘날 우리에게 '온고지신'을 제대로 구현함은 무엇을 의미할까요? 우리는 전통과 인습을 잘 구별하지 못합니다. 전통(傳統)은 더욱 계승하고, 발전시켜 나가야 하지만, 인습(因襲)은 반드시 타파해야 합니다. 그러나 우리의 현실은 어떠한가요? 전통적인 가치관인 근검·절약·효·대가족제 등은 퇴물 취급당하기 일쑤이고, 잘못된 인습으로 굳어 버린 공직사회의 부정부패·학자들의 논문 표절·국적인 지역감정·패거리 문화·권위주의 문화·가부장적 기업의 세습·과정보다는 결과 중심 등은 '관행'이라는 미명 아래 확대·재생산되고 있습니다. 이제부터 우리는 전통이 아닌 인습에 대해서는 과감하게 타파해 나가려는 결단을 지녀야 합니다. 이것이 그가 말하는 진정한 의미의 온고지신일 것입니다.

자살예방교육 1 - 자살에 대해 우리가 해야 할 일

　자살! 학교나 사회 교육 현장에서 이를 가르치거나 논의하는 것이 일반적이지 않습니다. 오히려 자살이라는 용어를 떠올리는 것조차 금기시되어 왔습니다. 그러나 최근 우리의 현실은 자살이라는 단어에 너무도 쉽고도 가깝게 직면해 있습니다.

　지난 2009년, 한 학생이 찾아와 심각하게 질문을 한 적이 있습니다. 질문의 요지는 연이어 보도된 유명 연예인의 자살보도, 5월 23일 노무현 전 대통령(62세)의 자살이 주는 사회적 충격, 6월 6일 범민련 초대의장을 지낸 강희남 목사(89세)의 자살이었습니다. 이 학생은 독실한 기독교 집안에서 자라고, 목사가 되기를 희망하였습니다. 그런데 대통령을 지낸 사람의 자살, 구십이 다 된 목사가 현직 장로 대통령에게 "살인마! 이명박을 내치자!"고 하면서 자살한 것이 충격이었나 봅니다. 그러면서 질문은 궁극적인 문제에 이르렀습니다.

　"선생님! 자살하면 지옥 가나요? 그렇다면 천주교에서 '유스도'라는 세례명을 받은 노무현 전 대통령도 지옥 가나요? 대통령에게 욕하면서 자살한 목사님은 더 큰 지옥에 가나요?"

이 질문에 쉽게 대답하기 어려웠습니다. 그리고 떠오른 생각은 얼마 전, 다니는 교회에서 경제난으로 자살한 교인의 장례식 소식을 접하면서 자살의 문제가 결코 금기시될 수만은 없는 현실적 난제라는 점이 었습니다.

자살! 이것은 아동 후기부터 노년기까지 거의 전 생애에 걸쳐 나타나는 심각한 문제입니다. 자살은 돌이킬 수 없는 결정에 따른 치명적인 결과를 가져옵니다. 자살은 그야말로 가족, 주변 사람들, 사회 전반에 미치는 파급효과가 큽니다. 그러므로 자살행위를 유발하는 위험 요인들에 대해 체계적으로 연구하고, 이에 대한 예방책을 강구하는 것이 매우 중요할 것입니다. 아울러 인간의 삶과 죽음, 그리고 자살과 같은 극단적인 인간적 물음에 대한 깊은 학문적인 논의가 요청되는 시대를 맞이한 것 같습니다.

최근 몇 년 사이, 수많은 유명 인사의 자살, 군인들의 자살, 경제난으로 인한 자살 등 수많은 사건들이 보도되었습니다. 그럼에도 자살에 대한 깊은 연구나 교육 등은 미비한 실정입니다. 자살에 대한 논의는 그 어떤 논제보다 절박한 문제입니다. 이제 우리의 교육계도 자살에 대한 보다 본격적인 연구와 예방교육을 위한 논의를 심도 있게 진행해 나가야 할 것입니다.

자살에 대하여 우리가 할 일은 죄인으로 단정 짓는 것보다는 예방하기 위한 생명의 소중함을 일깨워 주는 것입니다. 또한 자살이 얼마나 불행한 일인지를 가르쳐야 합니다. 자살하면 안 되는 이유를 제대로 가르쳐야 합니다. 성서 에스겔 16장 6절에 이런 말씀이 나옵니다. "내가 네 곁으로 지나갈 때에 네가 피투성이가 되어 발짓하는 것을 보고 네게 이르기를 너는 피투성이라도 살아 있으라. 다시 이르기를

너는 피투성이라도 살아 있으라.” 그렇습니다. 우리는 피투성이가 되
어서라도 살아 있어야 할 이유를 분명하게 가르쳐야 합니다.

자살예방교육 2 - 자살보도를 접하면서

　요즘 우리 사회는 '자살'이라는 문제가 사회적인 관심을 불러일으키고 있습니다. 사회 저명 인사들이 너무나 쉽게 자살을 합니다. 제가 기억하기로도 2003년 현대아산의 정몽헌 회장, 2004년 안상영 부산시장, 박태영 전남지사가 자살을 했습니다. 대중적인 인기를 얻고 있는 연예인들의 연이은 자살과 노무현 전 대통령의 자살에 대한 사회적인 충격은 엄청났습니다. 조문정국 1주일 동안 301개 분향소에 다녀간 추모 인원은 500여만 명으로 그야말로 자발적 추모행렬이었습니다. 대한민국 건국 이후 가장 큰 애도의 물결(백범 김구 선생 150만 명)을 이룰 정도였습니다. 이런 보도는 우리를 큰 슬픔과 충격으로 몰아넣었을 뿐만 아니라 우리 사회에 생명경시 풍조가 만연되거나 아직 가치관이 형성되지 않은 아이들에게 매우 부정적인 영향을 줄 것이라는 우려를 낳고 있습니다.

　그런데 주목해 볼 것은 유명 인사의 자살보도에 대한 문제입니다. 대중매체는 유명인사의 자살보도를 하나의 뉴스거리로 보도할 뿐 그에 따른 파급효과나 사회문제에 대해서 관심이 없습니다. 세계보건기구(WHO)는 유명 인사의 자살이 일반인 자살에 영향을 미친다며 자살보도 기준을 제정해 언론의 신중한 보도를 권고한 바 있습니다. 우리나라도 기자협회, 자살예방협회, 보건복지부 공동으로 2004년 자살보도 지침을 제정했습니다. 이 지침에는 다음과 같은 것들이 명시되어 있습니다.

"자살한 사람과 유족의 사생활이 침해되지 않도록 해야 한다. 유명인이라도 장소와 방법·자세한 경위를 묘사하면 안 된다. 불충분한 정보로 자살 동기를 판단해선 안 된다. 속보 및 특종 경쟁의 수단으로 다뤄선 안 된다."

그러나 자살도구 및 구입처 공개, 장례식 생중계 등의 몇몇 보도는 이 같은 지침을 무색게 했습니다. 독일은 가십거리를 다루는 기자들도 장례식장에서는 인터뷰하지 않는 것을 관례로 여긴다고 합니다. 만약 이를 지키지 않으면 법적 제재를 가하기도 합니다. 1983~86년 지하철 자살이 급증했던 오스트리아에서는 자살 기사를 보도하지 않거나 매우 작은 기사로 처리하는 보도 자제를 통해 지하철 자살 빈도를 크게 낮춘 예가 있습니다.

연이어 자살 관련 보도를 보면서 우리 아이들은 마음속으로 자살을 끝없이 되뇌었을지 모릅니다. 몇 년 전 탤런트 안재환 씨의 자살을 보도하면서 그 현장을 지세히게 오랜 시간 보어 주면서 그의 자살 방법이 고통없이 죽을 수 있는 방법이고 시신의 훼손이 없다는 불필요한 정보를 알려 준 적이 있었습니다. 그 결과 즉각적으로 이와 같은 방법으로 자살하는 사람들의 보도가 이어졌습니다.

더욱이 자살에 대한 심층적인 원인규명이나 가족 및 주위 사람들에게 미치는 영향이나 유명인사의 자살보도에 의해 자살률이 높아진다는 연구결과를 보면, 마릴린 먼로 같은 유명인사가 자살하면 자살률이 높아졌다고 합니다. 실제로 우리나라에서도 최진실 씨의 자살 사건으로 인한 모방 자살이 크게 늘어난 것으로 분석됐습니다. 안타깝게도 우리나라 대중매체는 유명인사의 자살보도를 하나의 뉴스거리로 보도할 뿐 그에 따른 파급효과나 사회문제에 대해서 관심이 없습니다. 자살을 결정하게 되는 이들은 심리적으로 이런 생각을 할 수 있습니다. '유명 인사도 문제를 해결하지 못해 자살을 선택하는데 나는 어떻게 해결할까?' 더욱이 우리 아이들이 자신들의 우상을 따라 자살을 선택하는 위험한 결과를 초래할 수 있습니다.

대중매체는 이러한 문제의 심각성을 진지하게 고민하지 않습니다. 그저 철학적, 윤리적 판단을 정지하고 그야말로 사건 자체만을 보도합니다. 이른바 '언론고시'라고 불릴 정도로 어려운 시험을 통과한 신문이나 방송 매체의 기자는 그야말로 우수한 인재들입니다. 그런데 이러한 자살의 심각한 문제를 다룸에 있어, 그에 따른 문제를 고려하지 않는 보도는 심각한 사회문제를 야기할 수 있음을 무시합니다.

그러나 더 큰 문제는 이러한 언론 보도의 자세를 깊이 살펴보고, 지적해 내는 우리의 모습이 제대로 드러나지 않는 현실입니다. 이것은 우리가 오늘을 사는 성숙한 민주시민으로서 마땅히 수행해야 할 비판적 의식의 발현을 하지 않은 명백한 '직무유기'일 것입니다. 이제 우리는 책임적인 시민으로서 자살에 대한 언론매체의 보도를 냉정하게 비판하고 감시하는 불꽃같은 눈동자를 굴려 나가야만 할 것입니다.

자살예방교육 3 - 자존감을 높여라!

오늘도 수많은 자살들이 사람들의 눈과 마음을 잡고 있습니다. 청소년 자살 급증, 노인 자살 증가, 자살 사이트를 통한 동반 자살, 연예인들의 자살, 사회지도층의 자살 등 사회적으로 주목을 받고 있는 자살들은 몇 가지 공통점을 가지고 있습니다.

첫째로 자살하는 사람들은 상처를 입고 절망하고 좌절하고 있으면서도 가슴 아픈 이야기를 나눌 이웃이 없습니다. 둘째로 그들은 하나님이 창조한 생명 존엄에 대한 인식이 부족하거나 생명에 대한 경외감을 가지고 있지 않습니다. 셋째로 자살하는 사람들은 자살을 단순히 자기 개인의 문제로 착각하고 있습니다. 자살은 자기 개인의 생명을 죽이는 죄일 뿐 아니라, 그 자살은 수많은 사람들에게 슬픔과 상처를 주고, 또 다른 자살로 이어질 수 있는 엄청난 파괴력을 가지고 있다는 것을 명심해야 합니다.

자살은 개인적이거나 사회적 동기에 의한 '인위적'인 삶의 마침을 말합니다. 불가항력적인 자연의 과정인 노화에 의한 종결을 거치지 않고 인위적으로 자기 삶을 종식시키는 것을 말합니다. 또한 어떤 죽음보다도 특히 자살은 관련된 많은 사람들을 마음 아프게 합니다. 오늘날 개인주의 사회는 잇대어 살아가는 공동체의 사람 사귐의 아름다움을 훼손하였습니다. 이렇게 되다 보니 우리의 삶은 외로움과 우울한 느낌이 쌓이고 쌓여, 절망감에 빠져들게 되었고, 그에 따라 자살률이 높아졌습니다.

이러한 '나 홀로'라는 생각에서 사귐의 소중함으로, 잇대어 살아감의 이치를 깨닫게 되면 자살률을 낮출 수 있을 것입니다. '나'를 포함하여 모든 생명은 서로 잇대어 살아간 한 가족공동체입니다. 나는 하나의 차단되고, 단절된 개체가 아닙니다. 나를 포함하여 모든 존재는 생성을 가능케 하고, 성장을 돕고, 소멸을 함께해 줍니다. 우리가 태어날 때, 하늘과 땅과 바람과 나무와 물과 공기의 토대 위에 있었습니다. 그리고 아버지와 어머니와 주위 사람들과 출산을 돕는 손길들의 사랑과 정성이 깃들어 있었습니다. 이러게 시작된 출생부터 삶은 사람들과 만물의 어우러짐 속에서 잇대어 사는 생명공동체입니다. 그러기에 '나'는 혼자가 아닙니다. 만물의 부분이고, 자연과 하나입니다. 어느 때 문득 드는 생각 하나, 무가치하고 별 볼 일 없는 것 같음에 빠져들지 말고, 생각을 보다 넓고 깊게 펼쳐 나가야 합니다. 자살을 선택하는 대부분의 사람들은 자신이 막다른 골목에 몰려 있고, 자살밖에는 그 어떤 해결책도 없다고 결론을 내립니다. 그런데 가만히 생각을 멈추지 말고 더 넓고 깊게 해 나가면 훨씬 더 건강한 방향으로 나갈 수 있습니다.

세상만사(世上萬事) 새옹지마(塞翁之馬)라는 말처럼 모든 일은 하나의 과정이지, 그 자체가 끝은 아닙니다. 어느 유행가 가사처럼 돌고 도는 게 세상사입니다. 지금 좋은 일이라고 해서 언제나 좋은 일이 끝없이 펼쳐지는 것도 아니고, 지금 어려운 일이 닥쳐왔다고 해서 이 또한 영원히 지속되는 일도 아닙니다. 그러니 지금 인생의 밑바닥으로, 벼랑 끝에 몰려 있다고 생각한다면 그것은 온전한 생각이 아닙니다. 추락할수록, 바닥까지 내려앉는 상황일수록 오히려 희망을 가질 수 있습니다.

사람이 살다 보면 다른 사람들은 모두 건강하고, 돈도 많고, 아무 걱정 없이 그저 행복해 보이고, 자기만 초라하고 바보 같고 불행하다고 생각하는 경우가 있습니다. 그러나 다시금 깊이 생각해 보면 이런 생각이 잘못되었음을 알게 됩니다. 이 세상에는 자기보다 더 부족한 사람들, 못사는 사람들, 슬픔에 힘들어하는 사람들이 아주 많습니다. 우리보다 나은 사람만 바라보고 의기소침할 것이 아니라 아래도 바라보면서 위로받고 용기를 얻고 내게 주어진 조건에 감사하면서 남을 도와주는 삶으로 나아가야 합니다.

채근담(菜根譚)에 보면 이런 말이 나옵니다. "일이 뜻대로 되지 않는다고 실망하지 말고, 자기보다 못한 사람도 많다는 것을 생각하라. 그러면 위로를 받게 되어 자연히 원망스러운 마음이 없어질 것이다. 마음이 해이해지고 게을러지면 세상에는 자기보다 나은 사람이 많다는 것을 생각하라. 그러면 분발하는 마음이 게으름을 몰아내게 될 것이다."

우리는 가진 것에 감사하기보다는 더 가지려고 하기에 바쁘고, 무리를 하게 되면서 본성의 자신을 잃어버리곤 합니다. 주어진 삶에 감사하면서 묵묵히 자신의 길을 걷는 삶의 지혜를 터득해 가야만 합니다. 이를 옛사람들은 '안분지족'(安分知足)이라고 하여, 제 분수에 만족할 줄 아는 삶을 귀하게 여겼습니다.

세 가지 장애의 몸으로 세상에 빛이 된 헬렌 켈러의 『3일 동안만 볼 수 있다면』에 나오는 말입니다. "만약 내가 삼 일간 볼 수 있다면 첫날에는 나를 가르쳐 준 설리번 선생님을 찾아가 그분의 얼굴을 보겠습니다. 그리고 산으로 가서 아름다운 꽃과 풀과 빛나는 노을을 보고 싶습니다. 둘째 날엔 새벽에 일찍 일어나 먼동이 터오는 모습을 보고 싶습니다. 저녁에는 영롱하게 빛나는 하늘의 별을 보겠습니다. 셋째 날엔 아침 일찍 큰길로 나가 부지런히 출근하는 사람들의 활기찬 표정을 보고 싶습니다. 점심때는 아름다운 영화를 보고 저녁에는 화려한 네온사인과 쇼윈도의 상품들을 구경하고 저녁에 집에 돌아와 삼 일간 눈을 뜨게 해 주신 하나님께 감사의 기도를 드리고 싶습니다." 우리가 매일 누리는 평범한 것들에 대해 어떤 사람들에게는 간절한 소망이 될 수 있습니다. 그리고 그들이 자신의 꿈을 이루기 위해 행한 노력은 우리가 한 노력과는 비교할 수 없는 것일 수 있습니다.

많이 가지고 있으면서도 만족할 줄 모르는 사람은 가난한 사람입니다. 그러나 적게 가지고 있으면서도 만족할 줄 아는 사람은 부자입니다. 부자와 가난한 사람의 구별점은 소유의 많고 적음에 있는 것이 아니라 마음의 자세에 달려 있습니다. 성서 디모데전서 6장 7~8절에 보면, 이런 말씀이 나옵니다. "우리가 세상에 아무것도 가지고 온 것이 없으매 또한 아무것도 가지고 가지 못하리니 우리가 먹을 것과 입을 것이 있은즉 족한 줄로 알 것이니라."

신영복 선생님의 『감옥으로부터의 사색』에 보면 이런 글이 있습니다. "그 자리에 땅을 파고 묻혀 죽고 싶을 정도의 침통한 슬픔에 함몰되어 있더라도, 참으로 신비로운 것은 그처럼 침통한 슬픔이 지극히 사소한 기쁨에 의해서 위로된다는 사실입니다. 큰 슬픔이 인내되고 극복되기 위해서는 반드시 동일한 크기의 커다란 기쁨이 필요한 것이 아닙니다. 작은 기쁨이 이룩해 내는 엄청난 역할이 놀랍습니다."

이제는 더 이상 내려갈 곳이 없다면 절망이 아니라 희망의 시작점입니다. 새로운 도약의 출발점입니다. 그러므로 객관적인 현실적 조건이 아무리 암담하고, 처참한 질곡에 압도당한다고 해도 자살을 선택하는 것이 최선은 아닙니다. 그것은 일시적 충동에 휩싸여 미래에 열려 있을 귀중한 희망을 포기한 돌이킬 수 없는 결정이 될 수 있습니다.

누구나 살다 보면 울고 싶을 때가 있습니다. '도대체 내가 왜 이렇게 사는 걸까?' 하는 생각이 들 때도 있습니다. 함께하는 사람 사귐에서 갈등이 있을 때, 직장이 평안하게 숨쉬기조차 어려운 사막처럼 느껴질 때도 있습니다. 그러나 사막이 아름다운 것은 그 속에 맑고 푸른 물을 담고 있는 샘을 가만히 감싸고 있기 때문일 것입니다. 우리의 삶의 조건을 짓누르는 압박해 오는 여러 조건들을 훌훌 털어내고 새로운 다짐과 새 희망의 분위기를 만들러 가면 어떨까요?

이제 나이 52세인 남자가 노만 빈센트 필을 찾아와서 나눈 이야기입니다. 그는 끝 모를 절망감에 사로잡혀 말했습니다. "이제는 끝장입니다. 일평생 최선을 다해 이룩해 놓은 사업에 실패해서 모든 것을 잃었습니다."

이 말을 들은 필은 말했습니다. "모든 것을요? 그럼 우리 한 번 종이에다가 선생님에게 남아 있는 것을 적어 봅시다."

"부인은 계십니까?"

"예, 좋은 아내입니다."

필은 종이에 "좋은 아내"라고 적었습니다.

"자녀들은 있습니까?"

"예, 제가 사랑하고, 저를 좋아하는 세 아이가 있습니다."

"친구는요?"

"예, 있습니다."

"건강은요?"

"좋은 편입니다."

이렇게 계속해서 종이에 써 나가던 남자가 말했습니다.

"어쩌면 제 사정이 그리 나쁘지 않을지도 모릅니다. 저는 많은 것을 가지고 있으니까요." 가진 것이 아무것도 없다고 생각될 때, 한 번쯤 음미해 볼 만한 이야기가 아닐까요?

하나 더 이야기를 한가지 더 소개해 봅니다. 남편을 일찍 여의고 아들 하나를 정성들여 키우다가 아들을 잃은 한 여인이 있었습니다. 여인은 슬픔으로 인해 자포자기에 빠졌고 생활을 유지할 수 없게 되었습니다. '도대체, 왜…… 내게 이런 슬픈 일이 닥쳤을까? 하필이면 왜 나란 말인가?' 하는 생각에 자신의 환경과 운명을 한탄했습니다. 매일같이 울면서 식사도 제대로 못 하던 여인이 현명한 사람을 찾아가서 하소연을 했습니다. 이에 대해 현명한 사람은 이렇게 말했습니다.

"아주머니, 겨자씨 한 톨을 가져오면 아드님을 살려 주겠습니다. 단, 슬픔이 없는 집의 겨자씨여야만 합니다."

이 말에 여인은 집집마다 돌아다니며 슬픔이 없는 집의 겨자씨를 찾아다녔습니다. 그러나 아무리 찾아봐도 슬픔이 없는 집은 없었습니다. 그렇게 이 집, 저 집을 찾아 헤매다가 여인은 깨달았습니다. '나는 얼마나 남편과 아들을 잃어버린 슬픔만 생각했는가? 도대체 나만……이라고 결론 내렸는가? 슬픔은 누구에게나 있는 것을……'

이런 생각을 하다 보니 시나브로 슬픔도 극복됨을 알게 되었습니다. 그리고 슬픔을 겪은 사람들에게 위로해 주고, 격려하면서 살다 보니 자신의 슬픔이 다른 사람을 위로하고 격려하는 아주 소중한 상담자의 자질이 됨도 알게 되었습니다.

슬픔은 누구나 있습니다. 슬픔이 자기에게만 있는 것으로 생각하고 자기 슬픔을 절대화해서 절망하고 좌절하는 사람은 의미 있는 삶을 살아갈 수 없을 것입니다.

어떻습니까? 누구에게나 있는 슬픔…… 좀 무시하며 살아가면 어떨까요? 자신에게 있는 슬픔을 지나치게 극대화하지 말고요. 그리고 기억합시다. 대부분의 슬픔은 우리 자신이 극복할 수 있다는 사실을요. 성서 말씀에도 하나님은 사람이 이기지 못할 시련과 시험을 허락지 않으셨다고 합니다.

조급하게 오늘의 어려움에 생각을 멈추지 말고 내일의 가능성을 믿고, 생각을 바꿔 보면 돌이킬 수 없는 결정인 자살에서 벗어날 수 있을 것입니다. 인간의 욕구 중에서 가장 강력한 것은 살고 싶은 욕구입니다. 살고 싶은 욕구는 건강한 사람에게는 다 있습니다. 그런데 살고 싶은 욕구가 죽고 싶은 욕구로 바뀌었습니다. 이것은 하나의 병입니다.

특별히 우울증이란 질병은 죽고 싶은 욕구를 일으킵니다. 우울증으로 자살한 사람은 우울증이란 병이 그를 죽인 것과 같습니다. 그래서 많은 사람들이 자살에 대해서 하나의 병이라는 결론을 내렸습니다. 정신적인 질병이 자신을 죽이려고 하는 것입니다. 몸이 아프면 도저히 견디지 못할 것 같아 쉬기도 하고, 약을 먹거나 병원에 가서 진료를 받고, 그에 따라 치료를 받습니다. 살다 보면 마음(정신)이 아플 때도 있습니다. 이런 경우, 최대한 빨리 주변의 아는 사람에게 자신의 마음을 털어내야 합니다. 상담도 받고, 정신과 치료도 받아야 합니다. 제가 참으로 안타까운 것은 아직도 정신과에서 치료받는 것을 피하려 하고, 그런 사람을 이상하게 보는 것 같다. 미국과 같은 나라는 상담도 건강보험으로 처리되어 유료상담의 부담이 적어, 마치 상담소가 동네 약국이나 지역 의원처럼 많다는데 우린 상담을 접하기도 어려운 실정입니다. 가능한 대로 우리 아이들이 다니는 학교에 몸이 아픈 경우를 대비해서 보건실(양호실)에 보건전담 선생님이 상주하시듯이, 학교상담실이 있어서 전문상담 선생님이 상주하면 좋을 것 같습니다. 다행히 최근 이런 경우가 생기기는 하지만 아직도 그 숫자가 너무도 미약합니다. 바라건대 우리 아이들을 위해 지금보다 더 활성화되기를 기대해 봅니다. 자존감이 낮아 자살을 생각하는 이들에게 전하고 싶은 고운 시샘입니다.

그대가 피어 있는 꽃보다 더 아름다운 것은

권정아

그대가
피어 있는 꽃보다 더 아름다운 것은
맑고 고운 향기로 사랑을 하려는
마음을 가졌기 때문입니다.
그대가
고운 들꽃보다 더 아름다운 것은
언제나 청초하게
조금도 꾸밈없이 순수한 모습으로
날 사랑하려는 그대 마음 때문입니다.

그대가
그 무엇보다 아름다운 것은
모자라는 내 앞에서도
나를 위한 일이라면 지고지순
헌신하는 그대 마음 때문입니다.
그대가
이른 아침 수정이슬보다도
더 아름다운 것은 언제나
초롱초롱 빛나는 그대 눈빛 때문입니다.
그대가
장미보다 더 아름다운 것은
나를 향해 언제나 온화하고
열정적인 마음을 가졌기 때문입니다.
그대가
백합보다 더 아름다운 것은
언제나 새하얀 미소로
내 마음 까지도 순백의 마음으로
흠뻑 적셔주기 때문입니다.
그대가
그 어느 꽃보다 더 아름다운 것은
봄날의 향기 짙은 라일락꽃보다
천 배나, 만 배나 더 향기롭기 때문입니다.

장애이해교육 I - 우리 모두가 장애인

우리가 살고 있는 세상에는 흔히 두 종류의 사람이 있다고 말할 수 있습니다. '정상인과 비정상인', '정상인과 불구자', '정상인과 장애인'으로 나누는 용어들입니다. 이러한 이분법적 판단기준은 일상생활이나 사회생활에 적응해 나가는 데 신체적으로나 정신적으로 불편하거나 불리한 조건을 가진 사람을 그렇지 않은 사람과 구분 짓기 위해서 만들어진 말입니다.

그런데 정상인이라는 말에 비해, '장애인'이라는 말은 뭔가 우울하고 슬프고 안타까운 느낌이 듭니다. 그리고 조금 더 깊이 생각해 보면, 정상인과 장애인으로 구분 짓는 이분법적 사고가 얼마나 근거 없는 모순에 근거하는 말인지 쉽게 알 수 있습니다. 모든 사람은 그 나름대로 장애를 지니고 있습니다. 결국 우리는 정상인이냐, 장애인이냐의 문제가 아닌 한 사람의 장애 정도가 얼마나 심각한가 혹은 미미한가의 문제임을 알아야 할 것입니다.

제 경우, 그런대로 비교적 정상인이라고 할 수 있는 몸으로 건강하게 살고 있습니다. 저를 알고 있는 많은 사람이 저더러 장애인라고 말하거나 생각하지 않습니다. 그러나 저는 분명히 장애인입니다. 저는 '선천성 폐동맥 판 협착증'이라는, 이른바 심장병을 평생지기처럼 여기면서 살아야 합니다. 그 때문에 저는 우리나라 남자들의 당연한 의무인 국방의 의무를 수행치 못한 사람을 비꼬는 말인 '신의 아들'로 군대 면제자입니다. 남자들은 만나기만 하면 군대 이야기를 한다는데 그때마다 꿀 먹은 벙어리가 되어야만 합니다.

저는 심장질환으로 인해 장시간의 심한 운동이나 산행(山行) 같은 것에 많은 불편과 장애를 느껴야만 합니다. 학교나 교회에서 등산 행사를 하면, 제대로 보조를 맞추지 못하고 한참을 뒤처지게 되어 동료들과 일행들에게 불편과 걱정을 끼치곤 합니다. 이런 이유로 등산을 즐기지 않습니다.

또한 저는 눈이 매우 나쁩니다. 안경이 없으면 생활 전체가 마비될 지경에 이릅니다. 저에게 있어서 안경은 신체장애인의 목발이나 휠체어와 같다고 할 수 있습니다. 제 장애는 여기서 그치지 않습니다. 어려서부터 잘 잊어버리는 건망증으로 인해 잃어버린 물건은 수없이 많았고, 중요한 약속이나 과제를 잊어버려 막대한 손해를 본 적도 한두 번이 아닙니다. 이 외에도 내향적인 성격으로 인한 열등의식을 비롯해서 수없이 많은 장애 요인을 가지고 있습니다. 이렇듯 일상생활과 사회생활에서 불편을 겪는 저의 장애는 수없이 많습니다.

그런데 이런 장애는 저만의 경우는 아닐 것입니다. 저와 양상은 다르지만 우리 사회의 많은 사람들이 일련의 장애를 지니고서 살고 있음을 쉽게 볼 수 있습니다. 이렇게 '장애'의 의미를 조금 확장시켜 보면, 정상인과 장애인은 결국 별로 명확하게 구분하기 어렵기에 '하나'로 보는 게 더 타당한 것임을 알 수 있을 것입니다.

흔히 말하는 '장애인'은 자신의 경우보다 장애의 정도가 좀 심하다는 말일 뿐입니다. '나도 장애인'이라는 의식은 매우 중요하다고 생각합니다. 우리 자신이 장애가 있음을 인정하는 열림 생각은 우리의 이웃인 조금 더 장애를 지닌 사람들에게 쉽게 다가갈 수 있는 계기가 될 것입니다. 나도 장애인, 너도 장애인, 우리 모두가 장애인입니다. 그 누구도 신체적, 정신적으로 우월하지도, 열등하지도 않습니다. 너나 나나 장애인일진대 누가 누구를 '돕는다거나', '베푼다'는 말을 할 수 있을까요?

하나님은 온전한 인간을 창조하셨습니다. 우리 인간의 원형(原型)은 하나님의 형상입니다. 어쩌다 보니 우리의 온전한 모습 중에서 부분적인 일그러짐을 중심적인 의미로 규정짓는 용어들이 우리에게 덧붙여져 왔습니다. 이제 우리는 너와 내가 장애인이라면 연대(連帶) 의식으로 일반인(정상인), 불편인(장애인)의 구분이 없는 너와 내가 한데 어우러지는 함께하는 사회, 파트너십의 한어우러기의 사회를 펼쳐 나가야 할 것입니다.

매년 4월 20일은 '장애인의 날'입니다. 이날에는 우리 모두가 자신의 장애를 겸허하게 받아들이고, 다른 사람의 장애를 모자람이 아닌 새로운 시각에서 바라보는 성숙을 다짐함을 되새기며 보냈으면 좋겠습니다.

최근 미국에서는 장애인에 대한 새로운 개념으로 Disabled person(장애인)이라는 개념 대신에 Differently abled person(다른 능력을 가진 사람)이라는 말을 사용합니다. 청각장애인들을 가리켜, Seeing person(잘 보는 사람)이라고 한다든지, 시각 장애인들을 가리켜 Hearing person(잘 듣는 사람)이라고 하는 말입니다. 하이데거의 말대로 말은 존재의 집입니다. 장애인에 대한 용어 하나에도 유념해서 써야만 합니다.

　얼마 전, 학교에서 보청기를 끼는 청각장애 3급인 아이에게 해준 이야기입니다.

　나는 눈이 나빠서 안경은 써. 안경 벗으면 저 멀리에 있는 큰 글씨도 안 보여. 버스도 제대로 못 타. 그러니 안경은 내게 아주 중요한 거야. 나같이 눈이 나빠서 안경 쓴 사람더러 장애인이라고 말하는 사람은 없어. 안경 쓴 나를 이상하게도 생각하지도 않아… 나 자신도 이상하게 생각하지 않고…그냥 불편하니까 안경을 쓰는 것뿐이야. 그렇지.
　너도 마찬가지야. 귀가 좀 불편하니까 보청기를 끼는 것뿐이야. 그게 뭐가 문제야? 눈이 나빠 안경 쓰는 나나 귀가 나빠 보청기를 끼는 너나 불편한 걸 보완하는 건 같은 거야. 그런데 왜 사람들이 보청기를 끼는 사람은 좀 이상하게 보고, 안경 쓰는 사람은 이상하게 안 볼까? 그건 아주 간단해. 안경 쓰는 사람이 많고 보청기 끼는 사람이 적어서 그래. 안경 쓰는 사람을 장애인으로 보면 아마 안경 쓰는 사람들이 화를 낼 거야. 막~ 항의하겠지. 이런 사람 중에는 높은 사람, 공부 많이 한 사람들도 많잖아. 그래서 장애인으로 말하지 못해.
　그런데 보청기를 끼는 사람의 숫자는 적거든. 그러니 힘이 약해. 그래서 좀 부족한 사람으로, 불편한 사람으로 규정짓는 거야. 이거 정말이지 억울하지 않니? 많은 사람이 하는 건 정상이고, 적은 사람이 하는 건 비정상일까? 이런 생각은 아주 잘못된 거야. 이런 생각은 고쳐야 해. 너 자신부터 이런 생각을 버려야 해. 너 스스로 당당하면 누구도 널 부족한 사람으로 생각지 않아. 중요한 건 네 마음가짐이야.

장애이해교육 2 – 장애에 대한 민감성

  '오늘 우리가 사는 세상의 위기는 무엇인가?' 이에 대해 기술사회 문명의 위기와 한계를 말하는 사람들이 많습니다. 그 이유는 생태계가 심각하게 파괴되고 인간의 공동체적 관계가 상실되고 있기 때문일 것입니다. 이러한 기술사회 문명은 급속한 산업화에 따라 쾌락과 편리함을 추구하는 양상을 초래하게 되어, 공동체보다는 개인의 안녕을 추구하게 되었습니다. 이로 인해, 개인의 능력을 중시하는 엘리트주의와 성공 지향적 가치관이 일반화되었습니다. 이와 같은 급속한 개인의 역량 강화는 타인과 공동체에 대한 둔감성을 초래하였고, 타인과 공동체의 고통에 대한 민감성을 잃게 되었습니다.

  고통에 대한 민감성은 건강한 삶의 척도입니다. 신경이 손상되거나 한센병(문둥병)과 같은 병에 걸린 사람은 고통을 느낄 수 없습니다. 개인뿐 아니라 사회와 문명의 건강도 고통에 대한 민감성에 비추어 평가할 수 있습니다. 다른 사람의 아픔을 헤아릴 수 없는 사회는 공동체의 파괴를 가져오게 됩니다. 그에 따라 파편화되고 고립됨으로써 서로 이해하고 느끼는 능력과 잇대어 살아가는 공동체적인 연대도 사라지게 될 것입니다. 공동체를 형성함에 있어서 장애는 근본적인 문제와 과제를 제기합니다. 사회와 문명의 근본 문제는 공동체 문제이고, 공동체 문제는 장애인 문제와 깊이 관련되어 있습니다.

장애가 발생하는 원인과 장애의 사회심리적인 좌절을 검토해 보면 장애인의 삶, 장애인과 비장애인의 관계는 복잡하고 심층적인 사회심리적 차원, 즉, 사회적 차원과 영적 차원을 포괄하고 있음을 알 수 있습니다.

오늘 우리 사회와 교육공동체도 고통에 대한 민감성을 잃어 가고 있습니다. 고통에 대한 민감성을 잃어 가고 있음은 장애에 대한 무관심에서 찾을 수 있습니다. 우리 인구의 1/10이 장애인이라고 합니다. 장애인은 우리 주위에서 쉽게 접할 수 있습니다. 또한 비록 건강한 사람일지라도 사고나 질병을 통해 후천적인 장애인이 될 위험 속에 살아갑니다.

그런데 우리 사회는 장애인에 대한 편견이 심합니다. 장애인들이 사는 곳은 집값이 떨어진다고 하고, 장애인 학교나 시설이 들어서는 것도 외면하는 게 현실입니다. 그러니 이 땅에서 장애인은 이 중, 삼 중으로 고통받습니다. 장애인은 일자리를 구하기 어렵고, 장애인을 위한 복지시설과 편의시설도 거의 없습니다. 대중교통을 이용하기도 어렵습니다. 사람이 다니는 길(人道)도 울퉁불퉁하여 휠체어를 타고 다니기가 어렵습니다. 이런 어려움보다 더 장애인을 힘들게 하는 것은 편견과 무관심과 차별입니다. 우리 사회와 교육현장도 아쉬움이 많습니다. 건물을 비롯한 각종 편의 시설에 대한 장애인 접근성은 물론이고, 장애인에 대한 이해도 일반인들과 큰 차이가 없어 보입니다.

장애는 모든 사람에게 일어날 수 있는 존재 양식입니다. 아무도 장애를 원하는 사람은 없을 것입니다. 만약에 장애가 개인의 선택으로 이루어진 것이라면 문제는 매우 달라집니다. 그런데 장애는 누구에게 나 일어날 수 있는 무차별적인 조건임에도 그것만으로 차별하고 무 시합니다. 오랜 인류의 역사에서 볼 수 있는 가진 사람과 못 가진 사 람, 지배하는 사람과 지배당하는 사람, 남성과 여성, 백인과 흑인, 비 장애인과 장애인 등의 차별적 사고는 사회·문화적 편견에서 온 것 입니다. 이러한 사회문화적인 차별은 근대 개인주의의 성공지향적 가 치관과 긴밀한 관련이 있습니다. 이는 인간을 육체와 정신, 영혼 모두 를 지닌 것으로 보는 성서적 인간관과 다릅니다. 예수님은 사람의 모 습으로 출생하여 세상 속에서 사람의 모습으로 사셨습니다.

또한 주목할 것은 장애를 죄와 관련 짓는 잘못된 사고방식입니다. 물론 순간적인 실수나 욕심이 자신과 다른 사람에게 치명적인 장애 를 가져오기도 하고, 많은 경우 장애는 가난이나 무지에서 발생합니 다. 장애는 분명 역사적으로 인간이 겪어야 하는 비극의 하나였습니 다. 이것은 장애인은 의존적이고 비생산적이고 무능하다는 편견을 낳 게 한 요인이기도 합니다. 그 결과, 장애인은 동정이나 자선의 대상이 되었습니다. 장애인은 사회나 우리의 교육현장에서 다른 비장애인과 동등하지 않은 모자란 사람으로 묘사되고 있습니다. 안타깝게도 우리 기독교도 역시 이런 개념이 정착하는 데 상당한 영향을 끼쳤음을 부 인할 수 없습니다. 심지어 신앙적으로 장애를 죄의 결과나 신앙의 부 족이나 악마의 장난으로 간주하기도 합니다. 이로 인해 장애인의 삶 을 더욱 억압하고 차별을 강화하는 결과를 낳고 있습니다. 이것은 우 리 사회와 교회의 억압적 구조가 상호적으로 작용하게 된 것입니다.

장애인에 대한 새로운 시각이 사회의 인권운동으로 발전했듯이 이에 대한 새롭고 성숙한 이해가 우리 사회와 교육현장에서도 일어나야 합니다. 특히 장애인에 대한 인권 운동에 있어서 우리는 예언자적인 목소리를 내야 합니다. 단순히 장애인을 자선이나 동정이나 심리적 부담의 대상이 아니라, 동등한 인권을 지닌 하나님의 형상을 지닌 자녀로 인식하는 태도의 변화가 요청됩니다. 인간은 누구나 하나님의 형상(Imago Dei)으로 창조되었습니다. 신체적 건강에 상관없이 인간으로 태어났다면 누구든지 하나님의 형상대로 창조된 것으로 동등하게 존중해야 합니다. 온전한 몸이나 온전한 지능을 갖지 못한 사람이라도 하나님의 형상대로 지음 받은 것입니다. 성서 갈라디아서 2장 1~10절은 말씀합니다. 하나님은 사람을 남자든 여자든 몸이든 정신이든 상처나 장애 때문에 차별을 하지 않으십니다.

신학자 쿠퍼는 하나님을 장애를 입으신 분으로 여기면, 하나님의 창조적인 구속적 사랑을 더 잘 이해할 수 있다고 제안합니다. 장애를 지닌 하나님에 대한 인식은 장애를 가지고 있는 사람들을 향해서 장애에 대한 선입관을 버리게 하는 근거를 제공해 줍니다. 그 근거는 장애인의 제한된 몸을 진정한 인간 존재의 현실로 받아들이게 해 줍니다. 아이슬란드도 예수 그리스도를 장애를 입은 하나님으로 생각할 때, 그분의 창조적이고 구속사적인 사랑의 본질을 깊이 이해할 수 있다고 보았습니다.

예수님은 이 땅에 가난한 목수의 연약한 아들로 왔고, 처참한 십자가를 지셨습니다. 십자가에서 부활하신 예수님은 당신의 손상된 손과 발, 창에 찔린 허리를 드러내셨습니다. 여기서 주목할 점은 이 땅에서 보여 주신 하나님의 모습이 처음부터 끝까지 인간적인 장애와 상처를 제거하지 않으셨다는 것입니다. 장애를 입은 예수님은 새로운 인간상을 보여 주셨습니다. 왜냐하면 예수님은 참된 인간상으로 장애의 경험과 완전히 공존할 수 있는 현실을 보여 주었기 때문입니다. 장애를 입은 예수님은 장애를 개인의 죄의 결과로 받아들이는 것을 거부하셨습니다. 장애를 입은 예수님은 육체 속에 성육신된 기존의 사회적, 상징적 질서들을 혼란에 빠뜨리셨습니다. 그러므로 장애를 입었다고 해서 불의와 죄에 빠진 결과가 아닙니다. 장애를 입은 하나님으로서 예수님은 장애인에 대한 기존의 기독교 상징, 은유, 제의, 교리를 다시금 살펴보게 만드셨고, 장애인에 대한 대안적인 상징의 원형을 제공하셨습니다.

예수님이 장애를 입은 대로 부활하신 것은 장애를 입은 몸도 하나님의 모습에 온전히 참여할 수 있으며, 사랑과 정의와 연대의 하나님을 만날 수 있다는 희망을 제공합니다. 이것은 장애가 삶에서 얻어지는 또 다른 의미를 덧붙여 줍니다. 장애가 죄의 결과라든가 믿음의 부족으로 이해한다거나 불편이나 건강하지 못함만을 가져오는 것이 아니라는 사실을 분명히 보여 주고 있습니다. 성서 이사야 53장 4~6절은 온갖 상처와 장애를 입은 고난당하신 예수님을 묘사하고 있습니다.

경쟁의 원리만 강조하고 기능주의적인 관점을 고집하면 장애인이 설 자리는 없습니다. 장애인의 문제를 사회의 현상적이고 부분적인 문제로 보고 접근하면 장애인의 문제는 해결될 수 없습니다. 더불어 사는 사회를 이루기 위해서는 자기중심적인 관점과 태도에서 고통당하는 생명의 자리에서 느끼고 생각하고 행동하는 관점과 태도를 익혀야 합니다. 장애인은 비정상이고 비장애인은 정상인이라든가, 장애인은 건강하지 않고 비장애인은 건강하다는 생각은 장애인이 아닌 사람들의 관점에서 규정한 것일 뿐입니다. 비장애인이 규정한 장애인의 모습에서 벗어날 때, 장애인은 주체적이고 자유로운 자아를 갖게될 것입니다. 우리는 장애인의 삶의 현실 속에서 현실을 넘을 수 있는 안목과 지혜를 익히기 위해서 장애인의 삶에 초점을 두고 생각을 다지고 삶의 자세를 바로 세워야 합니다.

장애이해교육 3 - 진정한 건강이란

현대 사회는 급속한 산업화를 거치면서 더욱 복잡하게 되었고, 각종 사고나 질병으로 인해 장애인도 계속 증가하고 있습니다. 그에 따라 현대인은 모두 잠재적 장애인이라고 말할 수 있습니다. 토플러는 『제3의 물결』에서 현대 사회의 산업화, 정보화, 도시화가 급진적으로 이루어지면서 많은 종류의 육체적, 정신적, 영적 질병이 나타나고 있음을 지적했습니다. 그는 제2물결에서 제3물결로 변하는 과정에서 불안과 고독이 심각해져서, 개인의 주체성에 대한 위기가 나타남을 지적했습니다. 사람들은 스스로를 집단요법, 신비주의, 성적 욕구 충족에 자신을 내던지며 불안의 원인을 자기 속에서 찾다가 불필요한 죄의식으로 고민하게 됩니다.

몰트만은 진정한 건강은 삶으로 나아가는 능력이고, 고난으로 나아가는 능력이며 죽음으로 나아가는 능력이라고 말했습니다. 즉, 건강은 신체기관의 상태가 아니라 자신의 신체기관의 다른 상태와 맞닥뜨릴 수 있는 영혼의 능력이라는 것입니다. 사람은 누구나 개인적인 차이가 있습니다. 똑같은 사람이라도 시간과 장소와 나이에 따라 얼마든지 차이가 생깁니다. 장애의 유무가 사람의 가치를 재는 척도이거나 차별의 근거가 될 수 없습니다. 건강하고 성숙한 사회는 장애인과 비장애인이 서로 공존하되 상호보완적으로 살아가는 곳입니다.

장애인의 장애가 모두 극복되고 모든 질병이 없어지는 것이 하나님 나라의 궁극적인 목표가 아닙니다. 장애인은 무엇인가 부족하고 계속해서 수정 보충되어야 할 미성숙한 존재가 아닙니다. 하나님 나라에서 사람은 장애인이나 비장애인이나 똑같이 우리의 썩어질 흙으로 된 제한적인 몸이 아닌 새로운 차원의 몸으로 부활될 것입니다. 장애는 벗어 버려야 하거나 숨겨야 할 부끄러운 것이 아닙니다. 하나님 앞에서 장애는 장애대로 가치와 아름다움을 지닙니다. 다만 우리 사람의 기준이 다를 뿐입니다. 그렇다고 장애나 질병을 치료하고 향상시키기 위한 의학적 행위를 거부하고 그대로 살아야 한다는 것은 아닙니다. 경우에 따라서 안경도, 보조기도, 휠체어도 필요합니다. 더 좋은 기구나 의술이 발전되어야 하고, 그러기 위한 적극적인 투자도 있어야 합니다. 그러나 진정한 의미에서 장애윤리는 지금 여기에서 장애인과 비장애인이 함께 의존하면서 평화롭고 조화롭게 살아가는 것을 지향해야만 합니다.

흔히 사람을 가리켜 "사회적 동물"이라고 합니다. 이는 사람은 혼자 사는 존재가 아니라, 한데 어우러지면서 살아가야만 하는 존재임을 말합니다. 장애인을 수용하는 복지시설은 결국 장애인을 비사회화시키고 사회로부터 격리시키는 측면이 있습니다. 이것은 바람직한 장애인 복지정책이 아닙니다. 장애인이 사회 속에 통합되어서 다른 사람들과 평등하게 살 수 있도록 하는 것이 정책의 목적이 되어야 합니다. 장애인이 비장애인과 함께 살 수 있도록 해야 합니다. 장애인은 영원히 서비스를 받는 동정의 대상이고, 비장애인은 우월의식으로 서비스를 베푸는 고정된 의식으로는 참된 치유의 공동체를 이룰 수 없습니다. 진정한 장애의 치료와 해결은 장애의 요소를 제거하거나 고통을 없애는 것에 머무는 것이 아니라, 장애인에 대한 배척과 선입관을 조장하는 부정적 태도와 제도와 구조를 바꿔, 장애인 스스로의 힘으로 장애를 느끼지 못하도록 하는 단계까지 나아가야 합니다. 그러므로 우리가 맞서 싸워야 할 것은 장애인을 소외시키고 차별하는 개인과 사회의 부정적인 태도와 제도입니다.

이런 점에서 장애인의 진정한 건강은 장애의 치료라기보다는 장애를 지녔음에도 자존감으로 살아가는 용기를 갖게 하는 것입니다. 사회가 건강하게 발전해 나가려면 장애를 있는 그대로 받아들이면서 비장애인과 더불어 살아가는 공동체성을 이루어 나가야 하며, 장애인과 비장애인이 상호의존적이면서도 상호 독립적인 관계로 발전되어야 합니다. 인간의 역사는 함께 어우러지는 공동체성이 파괴되고 지배와 피지배, 강자와 약자로 나뉘는 모습을 보여 왔습니다. 이로 인해 주로 강자라고 할 수 있는 비장애인·남자·기득권자 등에 의해 하나님의 형상으로 지음 받은 인간의 원형은 조각조각 파괴되어 갔습니다. 이처럼 파괴된 삶은 그야말로 일그러진 하나님의 얼굴입니다. 이를 회복하고자 해방자·구원자로서 이 땅에 오신 하나님이 바로 예수님이십니다.

성서는 장애가 하나님의 나라를 만들어 가는 데 문제 되지 않음을 보여 줍니다. 그 예로 성서의 위대한 인물들을 장애의 시각에서 볼 필요가 있습니다. 모세는 언어장애인이었고, 야곱은 신체 장애인이 되었습니다. 둘 다 장애인의 모습으로 하나님의 얼굴 또는 영광을 보았습니다. 장애를 지닌 몸이 하나님의 영광을 보는 도구가 되었고, 하나님 약속의 상징이 되었습니다. 모세는 장애로 인해 하나님의 보내심을 확증 받았습니다. 야곱은 축복의 약속을 확증하는 표시로 장애를 입게 되었습니다. 이 둘은 장애로 인해 새로운 사명을 띤 이스라엘의 새 역사를 이끌어 냈습니다. 모세는 출애굽의 시작을, 야곱은 이스라엘 나라의 시작을 이끌어 냈습니다. 욥과 이사야 53장의 고난받는 종은 그들의 고통을 하나님 선택의 표시로 발견하기에 이릅니다. 육체적 고통을 통해 인생과 그 의미를 더 잘 이해할 수 있고, 영적으로나 개인적으로 더 성숙할 수 있었습니다. 사도 바울도 자신의 연약한 장애를 통해 하나님의 일이 이루어짐을 고백했습니다.

어울누리세상 1 - 편견을 넘어서는 교육을 꿈꾸며

　제가 몸담고 섬기는 학교는 기독교 이념에 따라 설립한 작은 농촌 중학교입니다. 저는 학교 목사로서, 종교(기독교)와 국어를 가르치고 있습니다. 현재 학교에는 이른바 '통일교' 신자인 아이가 한 명 있습니다. 이 아이의 가정은 아버지는 우리나라 사람이지만, 어머니는 일본사람으로 통일교가 지향하는 세계평화를 위해 국제결혼으로 맺어진 가정입니다. 이 아이가 우리나라의 교육체제에 따라 중학교까지 의무교육으로 반드시 거주지 인근의 학교에 배정받아 다녀야만 하기에 기독교 이념에 따라 설립하고 운영하는 우리 학교에 입학하여 재학하게 된 것입니다. 이렇게 해서 저와 영민(가명)이의 만남은 서로가 피하고 싶은 교육 제도의 아픔으로 이루어졌습니다.

　저는 조심스럽게 아이들의 종교와 부모님의 종교를 조사하였습니다. 그런대로 널리 알려지고 알 만한 종교는 해당 난에 체크하고, 증산도나 대순진리회 같은 종교를 믿는 아이들은 기타에 체크하고서, 기타 난의 괄호에 자신의 종교를 적도록 했습니다. 영민이는 어떻게 하나 살펴보니 종교 난의 기독교에 체크하였습니다.

그로부터 한 달 즈음 지난 어느 날, 교무실에서 방송으로 공지사항이 전해졌습니다. 교육청에서 다문화가정 아이들을 위한 캠프가 무료로 열리니, 해당 학생들은 올해부터 다문화업무를 맡게 된 제게 신청하라는 것이었습니다. 저는 아무도 신청하는 아이가 없어 교육청에 "해당 없음"으로 보고하였습니다. 그리고 며칠 후, 영민이 담임선생님이 아무래도 학교 목사이고, 학생 상담 담당인 제가 아는 게 좋겠다고 하시면서 조심스럽게 영민이에 대한 사항을 말씀해 주셨습니다.

영민이의 종교는 기독교가 아니라, 기독교계에서 가장 경계하는 이단으로 지목하는 통일교이며, 그것도 아주 신앙심이 깊은 집안으로 그 어머니도 통일교의 국제결혼으로 우리나라에 오신 일본인이신데 국적도 안 바꾸신 상태라는 말씀이셨습니다.

저는 고민에 빠져들 수밖에 없었습니다. 제 업무상 영민이는 그야말로 학교 목사인 제가 처음 겪는 통일교 집안이고, 학생상담 담당자인 제가 처음 겪는 다문화가정이었습니다. '아! 어떻게 해야 하나?' 이런 학생에 대한 배움이나 경험이 없는 저로서는 그야말로 난감했습니다. 저는 여태까지 제 주변에서 통일교 신자를 본 적도 없고, 국제결혼한 사람도 보지 못했습니다. 다문화에 대한 것도 말만 들어 보고, 자료를 조금 본 정도였습니다. 사실 저는 신문이나 방송에서 사회의 물의를 일으키는 종교가 나오면 냉혹하게 비난하는 자세를 취했고, 다문화 관련 이야기가 나오면 그냥 대충 보고는 넘어갔습니다. 저로서는 알아야 할 것도 많고 일도 많은데 그런 내게 반사회적인 종교, 다문화, 국제결혼 같은 것은 관심 밖이었습니다.

이어서 저는 그야말로 학교 목사요, 국어선생이요, 학생상담 담당으로 강적을 만난 것이었습니다.

'이를 어쩐다?' 고민 고민하다가 담임선생님을 통해 영민이에 대해 좀 더 알아보았습니다. 영민이는 제가 생각한 것보다 훨씬 더 신앙심이 깊은 통일교 집안에서 자라고 있었습니다. 영민이 아버지는 통일교회에서 신자를 대표하는 직함을 갖고 있었습니다. 어머니의 집안도 일본에서 통일교 신앙인을 대표하는 집안이었습니다. 그러기에 영민이 아버지와 어머니의 국제결혼이 가능했을 것입니다. '종교에 따라 국제결혼을 하다니……' 저로서는 이해가 안 되는 일이었습니다. '아니 어떻게 얼굴 한 번 안 보고, 합리적인 조건을 따져보지도 않고 단지 신앙적인 결단으로 국제결혼을 할 수 있을까? 그것도 영민이 어머니는 자신의 나라에 대해서 매우 안 좋은 민족감정을 드러내는 우리나라에 오실 생각을 하셨을까? 그것도 열악한 농촌에 와서 사실 수 있을까?' 만약 저와 같은 기독교 신자들에게 신앙적인 결단으로 국제결혼을 해서 낯선 나라에 가라고 하면 과연 기독교 신자들이 얼마나 이렇게 할 수 있을까 하는 생각을 해 보았습니다. 목사인 저도 이러한 국제결혼은 주저하게 되었을 것 같았습니다. 아니, 솔직히 안 할 것 같았습니다. 이런 생각을 하니, 영민이 부모와 친가와 외가는 통일교에 대한 신앙심이 대단한 것 같았습니다. 그렇게 자란 영민이에게 제가 펼쳐 나갈 기독교 수업과 우리 민족의 자긍심으로 가득 찬 국책과목인 국어가 얼마나 적합할까 하는 생각도 들었습니다. 그야말로 선택사항이라면 피하고 싶은 학생을 만났습니다.

지금 생각해 보면 이렇게 시작한 영민이와의 만남과 함께하게 될 학교생활을 통해 많은 생각을 하게 되었고, 다종교 상황의 종교교육과 다문화가정과 학생의 인권을 위한 참교육에 눈뜨게 되었습니다. 그런 점에서 영민이를 만난 게 소중한 경험이고, 축복인 것 같습니다.

영민이가 입학한 후 한 달쯤 지난 어느 날, 영민이 아버님이 교무실로 찾아오셔서 말씀을 나누게 되었습니다. 일단 부족한 자식을 맡기게 되었다면서 잘 부탁드린다고 하셨습니다. 그러시면서 학교에서 발생하는 모든 교육은 전적으로 믿고 따르시겠다고 하셨습니다. 아버님은 이렇게 예의를 갖춰 성심으로 말씀을 이어 가시다가, 조심스럽게 종교적인 문제를 꺼내셨습니다. 조금 어려워하시더니 예상대로 학기 초에 종교조사를 한 것을 들으셨다고 하셨습니다. 아버님은 영민이가 통일교라고 하면 아이들이 놀리기에 그냥 기독교라고 답했다는 것, 어머니가 일본인인 것도 아이들이 아는 것을 원치 않기에 다문화 캠프 같은 것을 안 가고 싶어 한다는 것도 말씀해 주셨습니다. 그러면서 소수종교인 자신들의 입장을 이해해 달라고 간곡히 부탁하셨습니다. 자신들은 기독교를 비난하거나 적대시하지 않는데, 유난히 기독교계에서는 지나치게 자신들을 적대시한다는 불만도 조심스럽게 하셨습니다. 그저 이 지역에 살다 보니, 우리 학교에 입학하게 되었고, 2년 후엔 영민이 동생도 입학하게 된다고 말씀하셨습니다. 저는 영민이 아버님을 배웅해 드리고 나서, 한참을 생각에 잠겼습니다. 그리고 조용히 눈을 감고 기도하였습니다. '하나님! 제가 어떻게 하면 좋을지 지혜를 주소서!'

저는 통일교를 비롯해서 우리 사회에서 부정적 이미지를 갖고 있는 소수 종교인들을 보면 안타깝다는 생각이 듭니다. 흔히 아는 바와 같이 이들은 우리 사회에 물의를 일으킬 정도로 신앙심이 지나칩니다. 그리고 우리 기독교를 비롯한 우리 사회는 소수 종교에 대해 냉정합니다. 저는 신학과를 다닐 때, 통일교가 예전에 교주와의 혼음(混淫)을 하는 반인륜적인 사건으로 사회적 물의를 일으켰고, 미국과 일본에서는 신자들에게 껌팔이까지 시킨다는 보도를 접한 적도 있었습니다. 교주의 명령에 따라, 국제결혼도 강제적이고, 이혼은 못 하게 하고, 자기네 종교를 떠나지 못하게 하는 폐쇄성, 교주와 그 가족을 지나치게 신성시하는 문제를 안고 있다고 배운 기억도 났습니다.

이런 생각을 하니 내가 사랑해야 할 학생인 영민이가 안쓰럽게 느껴졌습니다. 그리고 그 가족이 짊어질 고통을 생각해 보았습니다. 통일교 신앙으로 확신을 갖고 살기에 그런 어려움을 감내하는 용기와 결단이 나오는 걸까 하는 생각도 들었습니다.

저는 며칠 후, 전체 교직원 회의 때 조심스럽게 준비한 이야기를 꺼냈습니다.

우리 학교는 기독교 정신에 따라 설립되고 운영됩니다. 저와 여러분은 기독교 정신이 잘 실현되도록 해야 하는 사명을 갖고 있습니다. 더욱이 저는 학교 목사로서 이 사명을 감당해야 하는 입장에 서 있습니다. 통일교에 대해서 조금은 들어 보셨을 겁니다. 이들은 소수지만 매우 신앙이 깊은 사람들입니다. 우리 학교에 '김영민'이 바로 통일교 신자이고 어머님이 일본인으로 국제결혼을 한 다문화 가정입니다. 제 생각입니다만, 영민이를 강제로 우리 학교에 맞추기보다는 사랑으로 감싸 주고 이해하는 분위기였으면 합니다. 그리고 종교적인 문제와 다문화의 문제는 전적으로 주관업무 담당인 제게 맡겨 주시기 바랍니다.

다행히 교장선생님 이하 교직원들이 제 말에 공감해 주셨습니다. 저는 우리 민족의 우수성에 긍지를 갖고 사는 편입니다. 그런 이유로 제 아들 이름도 우리 민족의 자긍심을 심어 주려고 '한겨레'라고 지었습니다. 저는 국어 시간에 아이들이 영어가 쓰인 옷을 입은 것에 대해 딴죽을 걸곤 합니다. 대중매체에서 우리말보다 영어가 많은 것을 보면 마음이 상합니다. 그리고 대중가수의 이름이나 길거리의 간판이 영어인 것에 대해서 냉혹하게 비판을 가하곤 합니다. 저는 1969년생으로 신세대가 아닌 이른바 막바지 386세대에 속합니다. 제 또래들은 일본과 미국을 독선적 제국주의로 여겨 매우 싫어하곤 했습니다. 그런데 영민이는 내가 싫어하는 나라인 일본인의 피가 흐르는 아이이고, 어머니는 일본인임이 자랑스러우신지 국적도 안 바꾸십니다. 언뜻 일본에서 어머니에게 자국민이라고 지원금이 나온다는 말도 들었던 것 같고, 일본에 갈 때마다 일본 국적인 것이 좋고, 자신의 나라에 대한 자부심이 강하시다고 들은 것도 같았습니다. 저는 자꾸만 영민이를 볼 때마다 '일본'이라는 단어가 떠오릅니다. 영민이 어머니의 일본 국적도 제 마음을 불편하게 합니다.

이런 생각이 들 때마다 '이러면 안 돼!' 하며 생각을 바꾸려고 애를 씁니다. 사실 저는 지금도 영민이를 볼 때마다 저와 다른 종교, 다른 핏줄을 의식합니다. 그럴 때마다 '아! 또 이러는구나' 하는 생각에 자책하곤 합니다. 마음 굳게 먹고, 의도적으로 의식하지 않으면 영민이의 종교에 대해, 국적도 안 바꾸시는 일본인 어머니에 대해 적개심이 드러날 것만 같았습니다. 그러니 영민이를 대할 때마다, 영민이 반에서 종교와 국어를 가르칠 때마다 영민이를 의식해야만 하는 불편함이 있습니다. 영민이의 반에서는 "독도는 우리 땅, 대마도도 우리 땅"이라는 말이나 일본의 문화에 대한 비판도 조심스럽습니다.

언젠가는 우리나라와 일본이 축구경기를 하는데, 영민이 반에서만 우리나라를 응원하는 말을 할까 봐 조심하면서 수업을 했던 기억이 납니다. 어떤 땐 '아이들이 이단종교에 대해, 일본에 대해 말하면 어떻게 대처해야 하나?' 하는 걱정을 하곤 합니다. 영민이로 인해 수업하기가 참 어렵습니다. 아마 저는 내면 깊숙이 자리 잡은 종교적 확신과 민족의식을 바꾸려고 하지 않을 것 같습니다. 앞으로 영민이와 같은 아이들이 더 많아질 것이니, 저의 불편함은 더해질 것입니다. 이제 저는 제2, 제3의 영민이와도 함께해야만 할 것입니다.

제가 지닌 종교적 편견과 우월감과 민족의식을 버리지는 않겠지만, 이제는 좀 더 열린 의식과 성숙한 자세를 가져야만 할 것 같았습니다. 의식적으로 저와 다른 종교, 다른 핏줄의 사람을 편견 없이 있는 그대로 보려고 의식적으로 노력했습니다. 이렇게 노력하다 보니, 조금씩 제가 지닌 편견의 벽도 엷어지는 것 같았습니다. 물보다 진한 게 '피'이고, 피보다 확실한 게 '정'이라는 말이 맞는 것 같았습니다. 매일 만나다 보니 정이 들어 이제는 영민이가 '통일교', '일본'으로 보이지는 않았습니다. 어느 순간 영민이도 그저 한 명의 아이로 보였습니다. 이렇게 변해 가는 저를 보고 스스로 대견하게 느껴졌습니다.

어울누리세상 2 – 차이를 존중하는 성숙한 교육으로

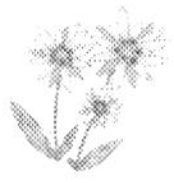

　요즘 저는 '부끄러움'이라는 말을 되뇌어 보곤 합니다. 부끄러움은 양심의 스펙트럼이라는 말이 있습니다. 사람의 의지대로 안 된다는 점에서 '양심의 거울'이라고도 합니다. 거짓말 탐지기는 일종의 부끄러움에 대한 신체적 변화를 체크하는 것입니다.

　부끄러움은 솔직함의 표현으로, 대립과 분쟁을 만들어내기도 하지만 화합과 용서를 이끌어 내기도 합니다. 마음을 위축시키는 자괴감을 주기도 하지만 심리적 전환을 만들어 주는 계기가 되기도 합니다. 부끄러움 하면 생각나는 말이 바로 '무참'(無慘)입니다. 끔찍하고 참혹하다는 말로 부끄러움을 모른다는 뜻입니다. 이 말은 불교에서 나온 말로, 죄를 짓고도 스스로 수치를 느끼지 않는, 부끄러움을 모르는 것을 끔찍한 일로 여긴 것에서 나온 말이라고 합니다. 아마 사이코패스와 같은 연쇄 살인범이 이 같은 범주에 속할 것 같습니다. 부끄러움을 느끼는 사람만이 이에서 자신을 돌아보고, 돌이킬 수 있습니다. 그런데 요즘 세상은 부끄러움을 상실한 것 같습니다. 다문화 시대에 이주민들에 대한 차별 역시 부끄러운 모습입니다. 예수님을 모른다고 세 번이나 부정했던 베드로의 모습은 참으로 부끄러운 모습이었습니다. 그러나 그는 후회했고, 그 부끄러움을 만회하려고 예수님보다도 더 혹독한 죽음의 길을 자청했습니다.

참으로 부끄러운 것은 부끄러움을 모른다는 것입니다. 저는 지난해 여름방학 때, 다문화연수를 받으면서, 내 속에 감춰진 무지와 무관심으로 얼룩진 양심의 부끄러움으로 힘들었습니다. 이 힘겨움은 지금도 제 의식 깊숙한 곳에서 꿈틀대곤 합니다. 저는 기독교 신앙으로 기독교학교 목사요, 선생으로 살아갑니다. 제가 목사가 되고, 선생이 된 것은 자신의 온몸을 내어 준 예수 그리스도의 사랑에 감격하여 저도 그 끝자락이나마 따르고 싶다는 다짐과 결단으로 이 땅의 억눌린 사람들과 함께하고자 함이었습니다. 그런데 저의 이러한 다짐은 저의 소중한 가정의 안락한 행복감에 젖어들고, 평범한 직장인으로서 누리는 평온함과 나태함 그리고 이기적인 욕망에 따라 시나브로 잊혀 갔습니다. 이렇게 된 제게 다문화의 현실은 그저 남의 이야기이지, 결코 제 이야기가 아니었습니다. '내 코가 석 자'라고 자기합리화를 하면서 제 가족 우선으로, 제게 주어지는 돈과 제 이익에 민감해졌습니다. 그에 따라 저를 넘어서는 사회적 관심과 사랑의 실천은 희미해져만 갔습니다.

제가 믿고 따르는 기독교의 인간관은 인간의 존엄성을 전제로 합니다. 이를 명료하게 표현하면 '천부인권'(天賦人權)일 것입니다. 성서의 시작인 창세기는 바로 인간이 하나님의 형상(Image of God)을 본떠서 창조되었다고 선언합니다. 이 선언은 그야말로 인류역사상 그 유례를 찾아볼 수 없는 최고의 인권선언일 것입니다. 모든 종교는 신과 인간 사이의 차이를 전제하고, 이를 강조하는 교리를 가지고 있습니다. 여기엔 기독교도 예외는 아닙니다. 그러나 성서의 이러한 선언은 신과 인간 사이의 본질적 차이만 부각시키는 다른 종교적 주장과는 달리 인간의 존엄성이 신적 위상을 가지고 있음을 아울러 주목하고 있습니다. 신과 인간은 다릅니다. 그러나 인간의 본질에는 하나님의 형상 그러니까 그 하나님의 이미지가 담겨 있다는 말입니다. 따라서 인간을 모독하고 짓밟고 차별하는 것은 하나님을 모독하고 짓밟고 차별하는 것 같습니다. 바로 이러한 인간존중이 성서의 기본정신을 이루고 있습니다.

이스라엘 사람들은 바벨론 제국에 포로로 잡혀가 노예생활을 하고 있을 때, 이 성서의 선언을 통해서 자신들의 존엄성을 깨우쳤으며, 최고의 인격적 자존심으로, 길고 긴 혹독한 고난의 세월을 이겨내는 힘과 용기를 길렀습니다. 이러한 기독교의 인간관은 하나님 앞에서 모든 인간의 평등과 인간 상호관계에서 존엄을 지켜내는 자세를 촉구합니다. 그러기에 '차별'은 기독교 사상에 애초부터 존재할 수 없는 개념입니다. 이런 이유로 기독교인은 차별에 저항하고 차별로 인해 희생당하는 사람들 편에 서야 하며, 이를 폐지하는 운동을 펼쳐 나가야 합니다. 차별의 문제를 거론하지 않고 오히려 차별로 위계질서를 만들어 내거나 이를 통해 자신의 권력이나 기득권을 만들어 내는 것은 반기독교적 행위로, 기독교의 본질과 대적하는 것입니다.

사람 사이에 차이는 분명히 있습니다. 그러나 그 차이를 이해하지 못한 채, "당신은 왜 그래?" 하고 자신의 기준에 맞춰 상대를 함부로 판단하고 자기 방식을 강요하는 것은 천부인권을 부정하는 것과 같습니다. 우리 교육에서 획일성이 문제 되는 것도 바로 이 개인적 차이가 가지고 있는 존엄한 가치를 고려하지 않고 어떤 목표를 일단 정해 놓고 여기에 다 두들겨 맞추려 하기 때문일 것입니다. 차이는 세상을 다양하게 만들고, 우리의 능력을 보다 풍부하게 해 주고, 사람의 살아가는 방식이 얼마나 다양한 스펙트럼을 지닐 수 있는지를 일깨워 줍니다. 이러한 차이가 조화롭게 결합되기만 하면, 또 얼마나 멋진 세상과 대안적 현실을 이루어 낼 수 있는가를 생각해 봅니다.

차이는 바로 그 차이로 인해서 세상 사는 재미를 갖게 하며, 자신이 가지지 못한 바를 상대에게서 찾게 하는 매력이 되기도 합니다. 사람과 사람 사이에 차이가 있는 것은 아름다운 것이고, 존엄한 것이며, 흥미로운 것으로, 하나님이 우리에게 주신 은총의 선물의 다양함과 풍부함을 증명하는 일이기도 합니다.

그런데 우리의 문제는 바로 이 차이를 차별과 혼동하는 것입니다. 차이는 사람의 개별적 존엄성에 주목하는 반면, 차별은 사람과 사람 사이에 서열을 매기고 우열을 정하며 그에 따라 지배할 수 있는 자와 지배받아야 할 자를 정해 버리고 맙니다. 그래서 사람과 사람 사이에 있어야 할 진정한 대화와 관계를 봉쇄해 버리고 맙니다. 차별로 생기는 억울함은 어쩔 수 없는 현실이라고 결론 내려 버리고, 차별로 생기는 특권도 생존경쟁의 당연한 결과라고 옹호합니다. 하나님 앞에서 사람은 평등한 것이 아니라, 잘난 사람의 권리와 못난 사람의 슬픔이 공존하는 것이 본래 세상의 질서임을 정당화하며 가르칩니다.

지금까지 우리 교육은 우리 민족의 자긍심을 심어 주는 내용이 많았습니다. 우리는 자랑스러운 단군의 후예인 단일민족으로 반만년을 이어온 '한겨레', '한민족'이라는 것입니다. 우리 민족은 동방의 등불이고, 아시아의 네 마리 용 중의 하나로 새로운 태평양시대를 이끌어 갈 나라라는 자긍심도 강합니다. 이런 논리가 민족적 자긍심을 심어 주고, 정체성을 고취하는 데는 유익이 되나 오늘의 현실에는 다시금 생각해 볼 점이 많습니다.

우리의 민족적 자긍심이 지나쳐, 다른 민족을 무시하는 방향으로 드러나는 것 같아 안타깝습니다. 우리는 우리보다 경제적으로 부족한 나라에서 온 노동자와 그 자녀들, 결혼 이주민들과 그 자녀들을 무시합니다. 이것을 당연하게 여기는 사람들이 많은 것 같습니다. 이에 따라 중국, 베트남, 필리핀 등 아시아의 여러 나라에서 온 이들을 자신들이 못나서 가난에 허덕이다가 우리 땅에 온 이들로 생각합니다. 그러니 우리는 그들보다 우월하고, 그들에게 생존을 해결해 주는 은혜를 베푼다고 생각합니다. 그러므로 그들은 우리나라에 고마움을 가지고 순종해야 한다고 생각합니다. 그들은 결코 우리 민족과 같을 수 없는 낮은 민족으로 여깁니다. 그러기에 외국인 노동자와 이주민 가족 구성원은 온전한 인격체가 아니라 조정과 지배의 대상으로 여깁니다.

우리는 힘 있는 나라들에게 식민 지배를 받아 온 아픔을 공유하는 같은 아시아권 나라 사람들을 이토록 무시해도 되는 걸까요? 우리의 열악한 산업구조를 보완해 주고, 농촌에서 인간적인 삶의 기본조건인 가정을 꾸리는 것이 어려운 사람들의 절박한 소원인 결혼문제를 해결해 주는 고마운 이들을 억압과 착취의 대상으로 여기는 것이 옳은 것일까요? 더욱이 수많은 종교 인구를 자랑하는 우리나라에서, 대통령이 기독교 장로이고, 세계에서 가장 큰 교회가 있고, 규모와 재력과 신자 수가 세계 50위 권 안에 드는 교회의 숫자가 20여 개나 된다고 자랑하는 기독교의 강국에서 말입니다.

외국인 노동자나 결혼 이주민과 그들의 자녀들을 우습게 여기고 함부로 대하는 사람들이 여전합니다. 동남아시아 출신의 여성들을 차별하고 모독하는 이들도 많다고 합니다. 피부색이 다르다고 해서 우습게 여기고, 제도권 교육을 좀 덜 받았다고, 특정지역 출신이라고 해서 이런 사람들을 주변부로 내모는 힘이 우리 사회에 아직도 엄존하고 있습니다. 이런 사회는 몰인정하고 비인간적인 사회입니다. 자기 자식이 겪는 아픔은 대단하게 여기면서도 사회적 약자가 겪는 고통은 아랑곳하지 않는 사회는 철저하게 이기적인 사회입니다.

차별은 이런 사회에서 자라나는 '악한 독초'와 같습니다. 차이는 존중해야 하고, 차별은 거부해야 합니다. 차이는 소중하며, 차별은 소멸시켜야 합니다. 차이는 당연한 것이며, 차별은 당연하지 않습니다. 차이는 세상을 발전시키지만 차별은 세상을 퇴보시킵니다. 차이는 하나님의 은총이고, 차별은 악마의 저주입니다. 하나님의 형상을 닮은 사람을 아끼고 존중하며, 사람 위에 사람 없고 사람 아래 사람 없는, 평등한 세상을 향해 가는 삶과 교육 그것이 제가 믿고 따르는 예수님이 열망하는 아름다운 세상의 모습일 것입니다. 우리는 차이를 존중하고 차별을 거부해야 합니다.

최근 국제결혼 다문화가정이 급증하고 있습니다. 행정안전부의 발표에 의하면, 2009년 8월 현재, 결혼이주자는 167,090명에 이르고, 그에 따라 이들의 자녀가 88,485명을 넘어섰다고 합니다. 농촌의 경우에는 총각 10명 가운데 4명은 외국인 여성과 결혼하고 있습니다. 이것은 우리가 그토록 자랑스러워하는 단일민족의 깃발도 내릴 때가 되었고 다인종, 다민족시대, 다문화사회가 우리에게 성큼 다가와 있음을 의미합니다.

그런데 국제결혼을 통해 들어온 외국인 배우자들 중 많은 사람들이 우리 문화에 적응하지 못하여 고통스러운 삶을 살고 있습니다. 대부분 우리말을 잘 알지 못하기에 기본적인 의사소통도 하지 못합니다. 더 나아가 우리의 예절이나 전통, 음식과 습관이 이들을 당혹스럽게 만들고 있습니다. 돈을 주고 이들을 사 왔다고 여기는 우리나라 가족들은 외국인 배우자를 노예처럼 여기기도 한다고 합니다. 문화적 차이가 심각한 상황에서 남편과 시부모의 가부장적이고 폭력적인 분위기는 이들을 짓누르고 있습니다. 또한 궁핍한 가정 형편에도 도주할 것을 염려하여 사회적 역할을 통한 자아실현을 못 하게 하고, 일도 하지 못하게 하는 경우가 많다고 합니다. 이러다 보니 많은 이주여성들이 가정에서 무단으로 이탈을 하거나 이혼으로 결말을 냅니다. 급기야 어떤 베트남 여성은 15층에서 몸을 날려 코리안 드림을 뒤로하고 최후를 맞이하기도 했습니다.

이러한 다문화가정이 늘어나면서 그 사이에 출생한 자녀들 또한 급증하고 있습니다. 엄마가 우리말을 하지 못하는데 자녀들에게 우리말을 제대로 가르칠 수 없습니다. 학교에서 보내는 가정통신문에 나오는 준비물도 제대로 챙겨 줄 수 없습니다. 이들은 우리보다 조금 더 검게 보이는 외모로 인해 "아프리카에서 왔냐?"는 놀림감이 되기도 합니다. 학교 운동회나 체육대회에 사진이라도 찍어 주려고 찾아온 외국인 엄마는 "만일 엄마가 외국에서 시집을 온 사람이라는 것을 알면 놀림감이 된다"는 아이의 힐난에 눈물을 머금고 돌아설 수밖에 없습니다. 언젠가 본 여성가족부 자료에 따르면, 다문화가정 자녀의 20.6%가 '집단따돌림' 경험이 있으며 그 이유가 '부모 중 한 사람이 외국 출신이어서'라고 응답했다고 합니다.

관용을 강조하는 프랑스에서도 엄청난 피해를 유발시킨 인종폭동

사태가 발생한 바 있습니다. 이는 프랑스에 거주하며 살아가는 외국인 이주자들의 2, 3세 자녀들이 사회에 적응하지 못하거나, 실업자로서 고통스러운 삶을 살아가는 것에 대한 분노가 폭발하여 일어난 사태였습니다. 미국에서 일어난 버지니아 공대의 참사도 우리나라 이민자 자녀의 부적응이 낳은 비극이었습니다. 우리나라도 다문화가정과 그 자녀들을 따뜻한 사랑과 관심으로 돌보지 않는다면 이러한 사태가 벌어질 수 있을 것입니다.

'결혼 이민자 20만 명 시대' 다문화가정은 더 이상 낯선 풍경이 아닙니다. 그러나 아직도 우리 사회는 문화적 다양성에 대한 인식 부족과 단일 민족에 대한 편향성으로 다문화 사회로의 진입에 적지 않은 어려움들을 가지고 있습니다. 다문화가정이 글로벌 개방시대 국가 경쟁의 동력이라는 거창한 구호가 아니더라도, 다문화가정은 자연스럽게 우리 시대의 운명 공동체임이 분명합니다.

어울누리세상 3 - 부단히 의식적으로 노력하렵니다

오늘도 의식적으로 저의 종교적 편견과 편협한 민족주의를 벗어나는 노력을 부단히 해나가야만 합니다. 정말 교육이 무서운 것 같습니다. 저의 뼛속 깊숙이 자리 잡은 제 종교적 확신과 민족의식이 쉽게 고쳐질 수 없을 것 같습니다. 저는 의식적으로 저의 편견과 싸워 나가야만 합니다. 그렇지 않으면 저와 다른 소수종교의 아이들의 인권을 선교와 교육이라는 이름으로 탄압하게 될 것입니다. 그리고 제가 지닌 민족의식으로 힘없는 아이의 가슴에 존재의 근원에 대한 열등감을 심어 주는 죄악을 저지를지 모릅니다. 이런 엄청난 죄를 범하지 않으려고 의식적으로 다문화연수도 받고, 책도 보고, 그에 대한 글도 써 보곤 합니다. 이 작업은 오랜 세월 싸워 나가야만 하는 치열한 몸부림이 될 것만 같습니다.

오늘 새벽녘에 문득 성서를 읽다가 깨닫게 된 사실입니다. 제가 좋아하는 성서의 인물로 아이들에게 꿈과 희망을 갖도록 권장하는 인물이 바로 '요셉'과 '다윗'입니다. 이 두 사람은 기독교인이 아니더라도 잘 아는 극적인 삶으로 교훈과 감동을 줍니다.

그런데 가만히 살펴보다가 놀라운 사실을 발견하였습니다. 요셉은 나이 17세에 이복(異腹)형들의 미움을 받아 죽을 뻔하다가 억울하게 이집트에 노예로 팔려 갔습니다. 이렇게 시작된 외국인 노동자, 아니 그 당시엔 노예로 살다가 성폭행 미수범으로 누명을 쓰고 감옥에 갇혔다가 나이 30세에 이집트 왕에게 그 유명한 꿈해몽으로 발탁되어 총리에 오르게 됩니다. 그야말로 반전을 거듭하는 드라마틱한 이야기입니다. 이런 요셉을 오늘의 눈으로 보면 외국인 노동자와 같습니다. 놀라운 것은 이집트 왕은 국적도 다르고, 민족도 다르고, 배움이 짧고, 나이가 적고, 종교가 다른 요셉을 편견 없이 그의 능력만을 보고는 전격 발탁했다는 사실입니다. 이 일로 이집트는 다가오는 국난을 대비할 수 있었고, 부강한 나라가 되었습니다. 오늘 우리 시대와 사회에도 이집트 왕과 같은 열린 생각과 포용적인 결단을 갖춘 지도자와 성숙한 시민들이 많기를 기대해 봅니다.

그리고 다윗은 그의 증조모가 바로 '룻'이라는 여인이었습니다. 룻은 모압 사람으로 이스라엘에서 무시하는 이방인이었습니다. 성서가 말하는 모압 사람의 시작은 그 유명한 소돔과 고모라 이야기에서 시작됩니다.

소돔과 고모라가 불의 심판으로 멸망할 때, 아브라함의 조카 롯과 그 가족만이 벗어나게 됩니다. 그런데 롯의 아내가 뒤를 돌아보면 안 된다는 금기(禁忌)를 어기게 되어, 소금기둥으로 변해 버렸습니다. 이로 인해 롯은 아내를 잃게 되었습니다. 롯과 두 딸은 인적이 드문 산지에서 살게 되었습니다. 그러던 어느 날 롯의 두 딸은 자기 종속을 이어 가기 위해 아버지에게 술을 먹이고는 성적인 관계를 맺어 아들들을 낳게 되는데 그 이름이 '모압'과 '암논'입니다. 그러니 따지고 보면 모압과 이스라엘 민족은 아주 먼 친척이지만 이스라엘 민족이 보는 모압족은 제가 아버지와 성관계를 맺어서 생긴 패륜의 민족으로 여겼고, 오랜 세월 두 민족은 상극으로 싸움이 끊이질 않았습니다.

그런데 룻이라는 여성이 이 모압족의 후손이었고 그 후손이 바로 다윗이었습니다. 그러니 다윗은 요즘 말로 하면 자신의 핏줄에 정통 이스라엘 민족의 피가 아닌 이스라엘보다 못한 민족의 피가 섞인 사람이었습니다. 그런 그가 이스라엘의 위대한 왕이 되었고, 이 후손으로 예수님이 탄생하셨습니다. 신약성서 첫 부분인 마태복음 1장에는 예수님의 족보가 나오는데, 놀라운 것은 이 족보에 다윗의 증조모인 룻의 이름과 결혼이야기가 명확하게 기록되어 전합니다. 또한 룻의 이야기는 성서에서 위대한 효성스러운 며느리(孝婦)의 표상으로 추앙받는 이야기로 66권의 성서에서 룻기로 기록되어 전해져 옵니다.

그런데 오늘 기독교 신앙인으로서 저는 외국인 노동자들과 결혼 이민자들과 그 자녀들에게 별 관심이 없었고, 조금은 낮은 사람들로 여기는 편견을 갖고 있었습니다.

오늘 문득 성서를 읽으면서 한 번 더 저의 무관심과 편견을 반성해 보면서, 아이들에게 요셉과 다윗을 언급할 때, 다루지 않았던 이들이 다문화가정 출신임을 강조할 것을 생각해 보았습니다.

무지개는 서로 다른 7가지 색깔이 어우러짐을 이루어 그 아름다움을 뽐냅니다. 우리와 다른 이들과 함께하는 사람이 차별과 배타성이 아닌 이해와 관용으로 이어질 때, 조화롭게 살게 되고, 그것이 우리의 삶을 더욱 아름답게, 더욱 풍성하게 하는 축복으로 이어질 것입니다. 성서는 우리에게 이것을 일깨워 줍니다. "내 형제들아, 영광의 주, 곧 우리 주 예수 그리스도에 대한 믿음을 너희가 가졌으니 사람을 차별하여 대하지 말라"(야고보서 2장 1절) 차별과 편견을 뛰어넘는 이해와 관용의 새 세상을 기대합니다. 논어(論語)에 이런 구절이 있습니다. "군자(君子)는 화이부동(和而不同)하고 소인(小人)은 동이불화(同而不和)한다." 이 말의 의미는 군자는 그 뜻하는 바가 다르고 추구하는 방법이 다르지만 서로 화목하고 화합할 줄 아는 반면에, 소인은 같은 방향으로 가면서도 항상 자기 이권 다툼으로 불화한다는 말입니다. 다문화사회를 맞은 우리가 좀 더 성숙한 사람됨으로 함께 어우러지기를 소망해 봅니다. 이런 세상을 우리가 만들어 가면 좋겠습니다. 다문화가정 구성원들에 대한 따뜻한 이해와 사랑으로, 우리네 마음 속 문턱이 낮아지고, 다문화가정과 함께 어우러지는 희망찬 미래를 상상해 봅니다.

정보화 사회에 따른 대학의 평생 교육적 기능

　대학은 '상아탑'이라는 표현이 말해 주듯 학문의 전당으로 일반사회와는 동떨어진 곳이었지만, 오늘에 와서는 사회와 밀접한 관련을 맺으며 사회발전을 위해 봉사하는 평생교육기관으로 자리매김하고 있습니다. 그런 점에서 오늘의 대학은 정보화사회에 따른 새로운 교육적 개선을 요청받고 있습니다. 정보화의 새로운 물결과 그에 따른 기술의 발달은 사회의 모든 영역에 영향을 미치고 결국 인간에게 새로운 방식의 삶의 태도와 능력을 요구하고 있습니다. 그에 따라 교수자의 역할도 지식의 전달적 기능에서 탈피하여 지식을 기초로 학습자들이 스스로의 자아를 계발하도록 하는 보조자의 역할을 수행하게 되었습니다.

　학습자 역시 교육의 많은 부분을 컴퓨터 등을 통해 활용하고 있으며, 교육의 기본이 되는 인간관계 또한 변화가 일어나고 있습니다. 학생들은 정보화사회의 다양한 정보를 읽고 해석하여 공부하며, 정보매체 등을 통하여 실시되는 교육적인 기능은 그 영향력이 갈수록 커지고 있습니다. 대학은 새로운 시대에 맞게 교수와 학생이 서로 성장하는 '교학상장'(敎學相長)의 시스템으로 모습을 개선해 나가야 합니다. 학생은 자발적인 주체로 학습에 참여하고, 교수는 단순한 지식의 전달자에서 벗어나 학생의 공부를 도와주는 보조자, 촉진자, 안내자, 혹은 관리자로 그 역할을 수행해 나가야 합니다. 이를 통해 대학은 사회와 격리된 세계가 아닌 사회 속에서 사회와 함께 평생학습사회를 이루어 가게 될 것입니다. 이렇게 될 때, 대학은 배우는 즐거움이 있는 곳, 인생의 가치를 높이는 곳, 만남을 귀하게 여기는 곳, 사람을 소중히 생각하는 곳으로 자리매김하게 될 것입니다.

21세기는 평생학습의 지식정보화 시대입니다. 학력(學歷)보다 학력(學力)이 강조되며, 나이에 관계없이 모든 사람이 자신의 삶을 풍요롭게 하기 위하여 끊임없이 배우는 시대입니다. 정보화사회란 정보가 사회 속에서 중심적인 요소가 되는 사회이며, 컴퓨터와 통신 분야가 급격하게 발전된 사회입니다. 따라서 많은 사람들의 아이디어 교환과 공유, 상호작용이 시·공간을 초월하여 이루어지게 됨으로써 교육에도 새로운 방식이 요구되고 있습니다. 교육의 정보화는 정보화사회에서 교육시스템의 변화를 총칭하는 것으로 기존교육의 틀과 방식은 물론, 개개인의 의식과 행동을 정보화사회에 맞게 재구성하고 나아가 이를 활용하여 평생학습사회의 적응력의 배양에 초점을 맞추는 모든 노력들이라고 할 수 있습니다.

우리가 예견했던 미래사회는 이미 현실이 되었고, 컴퓨터와 인터넷은 하루하루 빠르고 복잡하게 제공되고 있습니다. 무엇보다도 중요한 것은 '생각의 변화'입니다. 오늘날의 대학은 쉼 없는 개선과 열린 마인드로 체계적인 교육을 해 나가야 합니다. 정보화사회를 이끌어 나갈 실력 있는 이 시대의 지성인을 양성해 나가야 합니다.

선택과 집중을 통한 강점 전략

　이 글은 공주대학교 학보에 게재한 글로 오늘의 대학이 당면한 과제에 대한 의견을 써본 것입니다.

　오늘날 대학의 현실은 무한경쟁의 시대를 맞이했습니다. 우리 대학은 복잡 다양한 사회변화와 도전 앞에 직면해 있습니다. 그야말로 개교 이래 최대의 위기라고 해도 지나친 말이 아닐 것입니다. 지금까지 대학은 홍보를 하지 않아도 학생들이 알아서 찾아오고, 오겠다고 하는 학생들의 숫자도 많았습니다. 그러다 보니 그 많은 지원자들 중에서 우수한 인재를 선별해 내는 작업의 어려움을 토로하는 것을 자랑해 왔습니다.

　그러나 오늘의 현실은 그럴 수 없는 변화를 요구 받고 있습니다. 우리 대학이 역사와 전통을 자랑하고, 지역 거점 국립대학으로서 등록금이 저렴하다는 장점만으로 안심하기에는 현실이 너무도 급변했습니다. 대학의 모집 인원은 급증한 데 반해, 진학을 희망하는 학생의 감소, 대학 졸업자의 극심한 취업 대란, 국립대의 법인화와 통합 등 무수히 많은 어려움에 직면해 있습니다.

이러다 보니 급변하는 대학의 위상과 경쟁 그리고 사회적 요구 앞에 수많은 대학이 변화를 모색하고 있습니다. 이에 우리 대학은 위기를 기회로 삼아 새롭게 도약하느냐 아니면 그저 등 떠밀려 마지못해 몇 가지 변화를 모색하거나 시늉으로 그치느냐 하는 자기반성과 함께 새로운 도약을 위한 방안을 적극 모색해야 할 것입니다.

우리 대학은 자칫 번잡스럽게 되는 마구잡이식 대학 통합과 종합 선물세트와 같은 학과들의 편제를 다시금 생각해 보아야만 합니다. 이전에 우리 대학은 '공주사범대학'이라는 작지만 알찬 특성화 대학이었습니다. 그러나 지금은 총 4~5곳에 산재한 캠퍼스를 지닌 종합 대학교입니다. 이것이 주는 장점이 있으나 자칫 뭐 하나 뚜렷하게 내놓을 특성화된 학과나 연구소가 없는 문어발식 대학 편제로 자리매김할 수도 있습니다.

더욱이 이런 형태로 가다 보면 필연적으로 요구받는 구조조정도 극심한 내부의 입장 차로 인해 불가능해지거나 난항을 겪으면서 극심한 내부적 갈등만 증폭될 수도 있습니다. 그저 여러 대학과 통합을 통해 외형을 키우는 것으로 대학의 위상을 세워 가는 방식은 구태의연한 느낌을 줍니다. 우리나라 재벌들이 보여 준 문어발식 외형 키우기에 따른 파산을 타산지석(他山之石)의 교훈으로 삼아야 할 것입니다.

지난 2008년 3월 브랜드 컨설팅 전문 업체 38곳의 연구소가 1,391명을 일 대 일로 면접하여 광고모델 선호도를 조사한 적이 있습니다. 결과는 예상했던 대로 김연아가 1위였습니다. 에어컨부터 시작해서 자동차, 은행, 우유, 화장품…… 김연아는 기억할 수도 없을 만큼 많은 광고에 출연한 광고 퀸의 영예를 안았습니다. 하지만 광고 효과면에선 16위에 머물렀습니다. 오히려 선호도에선 27위에 머물던 원더걸

스가 광고 효과면에선 1위를 차지했습니다. 비록 인지도가 월등히 앞섰지만 수많은 광고에 겹치기로 출연했던 김연아는 각 제품 브랜드를 인식시키는 데는 실패했던 것입니다. 저는 이를 보면서 '선택과 집중의 원리'를 생각해 보았습니다.

현대 경영학의 아버지라 불리는 피터 드러커는 약점을 보완하려고 하지 말고 강점에 더욱 집중하여 발전시켜 나가야 함을 역설(力說)하였습니다. 아주 작은 물방울이라도 한곳에 계속 떨어지면 바위를 뚫는 기적이 일어나는 것과 같이, 역량을 한곳에 집중하면 의외의 놀라운 결과를 창출해 낼 수도 있습니다.

우리 공주대학은 오늘의 위기와 난제를 보다 적극적으로 극복하기 위해 대학 간 통합을 적극적으로 추진했고, 지금도 하고 있습니다. 이 일을 추진함에 있어, 분명한 전략을 수립하고 그에 따라 진행되어야 할 것입니다. 이를 위해 벤치마킹 전략의 차원에서 우리 대학과 유사한 외국 대학에 조사단을 파견해서 살펴보고, 우리나라 대학의 전략들도 살펴보면서 우리 대학의 강점을 살려 나갈 특성화 전략을 분명하게 세워 나가야 할 것입니다. 각 캠퍼스별로 학과와 연구소 등에 대한 전문적인 컨설팅을 통해, 강점을 살려 나갈 방안도 모색해 나가야 할 것입니다.

선택과 집중으로 강점을 살려 나가면 대학의 정체성도 세워 나갈 수 있고, 위상도 높일 수 있을 것입니다. 또한 특성화 전략에 따른 발전 동력원으로 인해 다른 영역에도 신선한 자극원이 되어 대학의 활성화를 모색해 나갈 수도 있을 것입니다. 이렇게 할 때, 우리 대학은 뭐 하나 내세울 것 없는 그저 그런 모습이 아닌 강점을 지닌 꼭 필요한 대학으로 자리매김해 갈 수 있을 것입니다. 선택과 집중을 통해

우리 대학이 공주를 넘어, 충남을 넘어, 겨레의 자랑으로 글로벌 시대
를 이끌어 나갈 인재의 요람으로 우뚝 서게 되기를 기대해 봅니다.

속도가 아니라 방향이 중요한 대학통합 논의

이 글도 공주대학교 학보에 게재한 글로 오늘의 대학이 당면한 과제에 대한 의견을 써본 것입니다.

하늘을 나는 새 중에서 솔개가 가장 장수한다고 합니다. 솔개는 자그마치 최고 70년까지 삽니다. 그런데 솔개가 70년까지 푸른 하늘을 날며 살기 위해서는 40년이 되는 시점에, 정체절명의 위기를 맞는다고 합니다.

솔개는 40년이 되면 날개가 너무 두꺼워지고 무거워져서 하늘을 제대로 날 수 없게 됩니다. 거기다가 부리와 발톱이 너무 길게 자라고 구부러져서 노화되어, 그 강함과 날카로움을 잃어버리게 됩니다. 그래서 솔개는 그 민첩한 날카로움을 잃게 되어 제대로 사냥을 할 수 없게 됩니다. 이때 솔개는 이렇게 늙어 죽느냐, 뼈를 깎는 고통을 참아내고 다시 사느냐 하는 기로에 서게 됩니다. 그대로 가만히 있으면 죽게 되니, 살려면 약 반년 동안 고통스러운 갱생의 과정을 참아내야만 합니다. 갱생의 과정…… 뼈를 깎는 고통의 과정입니다.

솔개는 산 정상 부근의 높은 곳에 자리를 잡습니다. 그러고는 고통을 참으며 부리가 모두 닳아 없어질 때까지 바위를 쪼아댑니다. 그렇게 부리가 빠지고 난 자리에 새로운 부리가 나게 됩니다. 그러면 이번에는 그 부리로 늙은 발톱을 쪼아 뽑아냅니다. 그다음에는 날개의 깃털을 하나하나 뽑아냅니다. 그리고 새로운 발톱이 돋아나고 깃털이 돋아나기를 기다립니다. 이건 처절한 고통의 과정으로 그야말로 환골탈태(換骨奪胎)입니다. 하지만 이렇게 해서 새로운 부리와 발톱과 깃털을 가진 솔개는 예전과 전혀 다른 솔개가 됩니다. 다시 힘차게 창공을 나는 민첩하고 날카로운 맹금류로 거듭나게 됩니다. 그리고 30년의 세월을 당당하게 하늘을 날게 됩니다.

솔개가 거듭나는 이야기는 변화가 살 길이며 자기갱신, 자기변혁이 곧 성공전략임을 일깨워 줍니다. 변화의 과정은 고통스럽습니다. 하지만 변화의 열매는 달콤합니다. 성장과 발전을 위하여 자기갱신의 과정은 필수적입니다. 바로 오늘 우리 대학은 이 변화의 시대를 맞이하여 변화, 변혁, 갱신의 시점에 서 있습니다. 노련한 활엽수는 잎을 먼저 떨어뜨릴 줄 압니다. 혹독한 추위에 견디기 위해 몸체를 줄이는 것입니다. 자기 살을 깎는 고통 없인 성장할 수 없습니다.

요즘 각 대학마다 변화의 방안을 모색하는 모습이 눈에 띕니다. 대학 통합은 물론 구조조정이라는 말이 심심치 않게 들려옵니다. 그에 따른 찬성과 반대의 첨예한 대립 속에 오늘의 대학이 있습니다. 이에는 우리 대학도 예외가 아닙니다. 기존의 통합에 따른 외형과 내실화의 과제는 물론이고 현재 진행 중인 대학과의 통합에 따른 구조조정 또한 절실합니다.

문제는 이를 어떻게 합리적인 방향으로 구성원 간의 이해를 구하느냐일 것입니다. 오늘날 교육과학기술부가 요구하는 구조조정은 한

마디로 '잎을 먼저 떨어뜨리는' 정책입니다. 중복투자가 발생하는 연구소나 학과를 통폐합하고, 사회적 요구가 덜한 비실용적인 분야로 존립 여부가 불투명한 학과는 다른 학과로 흡수하거나 퇴출시키라고 합니다.

이러한 구조조정에 따라 뼈를 깎는 아픔이 발생할 수 있습니다. 이 일에 누가 칼자루를 쥘 것인가요? 지금의 대학 편제에 과감히 메스를 댈 수 있는 사람은 또 누구일까요? 변화된 세상, 급변하는 현실 앞에서 그 누가 자신 있게 칼자루를 휘두를 수 있을까요? 우리 대학의 구조조정을 위한 새 틀 짜기를 위해, 더 나아가서 제2의 건학을 위해 유념할 것은 속도보다는 방향일 것입니다. 과감하게 적당한 시기에 변혁을 이끌어 냄도 중요하지만 그보다 구성원 간의 화합과 이해가 어우러지는 방안도 진지하게 고민해야 합니다. 바로 우리 대학을 이끌어 가는 리더들에게 필요한 덕목이 바로 '소통과 겸손'입니다.

마이클 해크먼과 크레이그 존슨이 지은 『소통의 리더십』을 보면 리더의 소통 스타일로 권위형, 자유방임형, 민주형을 꼽습니다. 그중에 팔로어와 협력하는 민주적 리더십이야말로 실제 효율성이 가장 높고 생산성, 만족도, 충성도를 높인다고 주창합니다.

월드컵 대표팀 주장인 박지성의 리더십과 세계적인 지성인들이 강조하는 현대 리더십의 일맥상통한 점은 끊임없이 소통하는 겸손과 섬김입니다. 이는 아직도 주인의 말 한 마디 한 마디에 의해 결정되는 봉건적인 잔재로 운영되는 재벌 기업들에게 시사하는 바가 큽니다. 4대강 정책 등을 불도저식으로 밀어붙이는 현 정부에도 '섬김의 리더십'이 절실합니다. "경부고속도로 건설 때도 반대가 심했다."는 주장만을 내세운다면 국민과의 소통은 요원할 것입니다. 훗날 누가 옳았는지는 역사가 심판하겠지만 영국 석유회사 셸의 '브렌트 스파' 사건은 현 정부가 유념해 보아야 할 사건이었습니다.

다국적 석유그룹 로열더치 셸의 영국 자회사 셸은 1995년 낡을 대로 낡은 해상 석유저장 탱크 브렌트 스파를 영국 정부의 허가를 얻어 북대서양에 가라앉힐 예정이었습니다. 하지만 환경단체인 그린피스의 시위와 언론보도 때문에 셸은 이 계획을 포기할 수밖에 없었습니다. 셸은 정부를 비난하거나 그린피스가 부정확한 증거를 제시했다고 비난하지 않았습니다. 대신 내부적인 반성과 성찰을 시작하고 정책의 결정방식을 바꿔야 한다고 결론내렸습니다. 기업과 사회 모두에 득이 되도록 윤리적 행동 원칙을 문서화해 직원들에게 실천을 장려했고, 회사 밖의 여러 단체들이 내놓은 의견을 정책결정에 반영했습니다. 10년 뒤, 셸의 제임스 스미스 회장은 이렇게 말했습니다.

"우리는 사회와 소통할 필요가 있었습니다. 사람들의 관심사와 기대를 이해하고 그에 부응해야 했습니다."

서두르지 않으면서 보다 신중하게 그저 대학 간, 학과 간 통합, 인원 배정, 이동이라는 단순한 차원의 변화가 아니라 다차원적인 영역의 논의를 튼실하게 해 나가야 합니다.

이를 위해 우리 공주대학이 지닌 강점을 지닌 학과 간 연계를 통해 학문 간 유대와 연대를 구축해 나가는 것도 좋을 것입니다. 이것이 바로 '통섭적 학제개편'입니다. 이는 새로운 시대, 새로운 실천적 인재양성을 위해 절대적으로 필요합니다. 우리 시대는 하나의 전문 분야만 정통한 인재가 아니라 다차원적인 영역을 아우르는 인재를 요구합니다. 이를 흔히 'T자형 인재'라고 말합니다. 즉, 자기 전공 분야는 물론이고 연관된 분야로 폭넓은 교양과 식견을 갖춘 인재를 말합니다.

지금 우리 대학은 다각적인 방향에서 대학 간 통합을 계획하고 있습니다. 이를 그저 등 떠밀리듯 해서 추진해서는 안 됩니다. 또한 강한 의지와 타협만으로도 안 됩니다. 제2의 건학이라는 각오로 오늘의 현실을 직시하고, 미래를 예측하는 혜안이 필요합니다. 우리에게 당면한 대학 간 통합이 학제 간 통섭을 통해 상생의 지혜로 더 큰 거목으로 성장할지 아니면 그저 힘겹게 살아남기 위해 백화점식 외형 키우기로 그칠지를 진지하게 고민해야 합니다.

책을 닫으면서

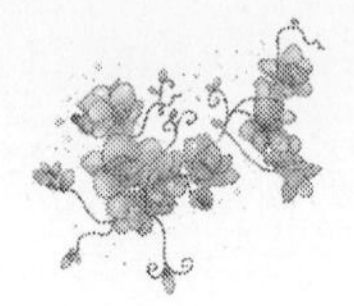

돌팔이 의사가 사람을 죽이듯이 설익은 사람이 곳곳을 혼란케 만드는 것 같습니다. 교육(敎育)을 공부하고, 교육자로 살아가면서 교육이 뭔지를 잘 모르겠습니다. 오늘까지 교육의 길을 걸어온 게 꼭 10년이고, 앞으로 그 두 배의 세월도 넘는 22년을 더 걸어가야만 하는데 오늘도 교육은 풀리지 않는 숙제인 양 물음표입니다. 저는 아는 것보다 모르는 것이 더 많고, 알고는 있지만 잘못 알고 있는 경우가 참 많습니다. 그러기에 제가 아는 교육이 다가 아님을 알고, 항상 열린 눈과 귀로 바른 교육의 길 찾기에 더 열심을 내 보렵니다. 그 길은 저보다 많이 배운 사람만이 아니라, 저와 함께하는 아이들과 이 땅의 모든 사람들에게서 배우렵니다.

무더운 여름 한철을 이 책을 엮어 내느라고 구슬땀을 흘리며 작업했습니다. 그 과정에서 아내와 아이들이 아프기도 했고, 갑작스런 일들로 쫓기듯 교열 작업을 해 나가야만 했습니다. 이거 참~ 누가 시킨 것도 아니고 정해진 기한이 있는 것도 아닌데 온 맘과 정성을 쏟아부었습니다. 어느 땐 집중과 몰입에 저 스스로 놀라워하기도 했습니다.

문득 이런 열심이 어디에서 기인한 걸까 하는 생각에 잠겨 보았습니다. 그러다 든 생각이 바로 글에 담겨 있는 제 생각과 느낌의 열정과 울분이었습니다. 제가 즐겨 보는 철학자 김상봉 님은 자신의 학문과 글쓰기의 원동력을 분노라고 했는데 저는 딱히 한마디로 표현하기는 어렵고, 그저 말하자면, '조금 삐딱한 자유혼'인 것 같습니다. 조금은 세상을 삐딱하게 보고, 이리저리 뒤집어 보는 상상력으로 자유롭게 생각의 나래를 펼쳐 보고 싶은 것 같습니다. 그저 제 생각을 누군가 공감하거나, 비판해 주기를 바라는 자기 표현욕구로 이 지난한 작업을 마쳤습니다.

나름대로는 열심히 쓴 글이고, 무더위와 싸워 가면서 교열을 해 낸 것인데 마지막 장에 이르니 영~ 서툰 글샘을 내놓는 건 아닌가 하는 상념에 빠져들곤 했습니다. 그럼에도 부끄러움을 무릅쓰고 세상에 내놓음은 제게 늘 풀리지 않는 숙제인 교육을 함께 이야기하는 장을 펼쳐 보고 싶기도 했습니다. 서툴고, 엉성함은 그저 다음의 부담으로 안고 가렵니다. 앞으로도 꾸준히 쓰고, 또 쓰렵니다. 독자 제위는 더디지만 조금씩 나아지는 저를 발견하는 재미를 느껴 보시기 바랍니다. 힘들지만 이 책을 작업하는 내내 제 삶의 의미를 찾아가는 작업도 되었기에 행복했습니다.

한기원 님의 아들
한승진 올림

한승진

1969년생으로 서울 구로동에서 나고 자랐다. 현재 익산 황등중학교에서 학교 목사와 선생으로, 황등교회 아동부 목사로 살면서 공주대학교 윤리교육학과 박사과정 중이다. 지난 2004년 6월 2일 초저체중 조산아로 태어난 딸(한사랑)이 98일간의 신생아중환자실의 고통을 이기고 잘 자라 주는 것에 감격하고 감사하면서, 이 일을 통해 생명의 소중함을 되새기며 살아가고 있다. 퇴근 후, 사랑하는 아내와 아이들과 함께 논길을 거닐며 이야기하기를 좋아한다.

2010년 2월 월간 《창조문예》 수필로 등단하였으며 저서로는 『사랑한다 내 딸 사랑아』, 『아빠와 함께 읽는 성경이야기』, 『사람은 잇대어 살아야 해요』, 『사랑하며 살래요』, 『예수님이라면 어떻게 하실까』(각색)가 있다.
현재 주간 《크리스챤신문》에 '한승진 목사의 교육이야기'와 월간 《기독교교육》에 '쉽게 읽는 기독교윤리'를 연재하고 있다.

esea-@hanmail.net
http://cafe.daum.net/hanlove0602

참교육 참사랑의 학교

초판인쇄 | 2010년 11월 5일
초판발행 | 2010년 11월 5일

지 은 이 | 한승진
펴 낸 이 | 채종준
펴 낸 곳 | 한국학술정보㈜
주　　소 | 경기도 파주시 교하읍 문발리 파주출판문화정보산업단지 513-5
전　　화 | 031) 908-3181(대표)
팩　　스 | 031) 908-3189
홈페이지 | http://ebook.kstudy.com
E-mail | 출판사업부 publish@kstudy.com
등　　록 | 제일산-115호(2000. 6. 19)

ISBN　　978-89-268-1590-8 03040 (Paper Book)
　　　　978-89-268-1591-5 08040 (e-Book)

이담 는 한국학술정보(주)의 지식실용서 브랜드입니다.